自閉スペクトラム症児の社会的スキルに関する研究

岡 島 純 子 著

風 間 書 房

目　　次

第1章　自閉スペクトラム症と心理療法……………………………………1
　第1節　自閉スペクトラム症の概要……………………………………1
　　第1項　自閉スペクトラム症とは………………………………………1
　　第2項　自閉スペクトラム症の疫学的データと経過……………………6
　第2節　自閉スペクトラム症児に対する心理療法………………………7

第2章　自閉スペクトラム症児への社会的スキル訓練の現状と課題…9
　第1節　問題と目的……………………………………………………9
　第2節　わが国における ASD 児への SST 介入………………………9
　第3節　欧米における ASD 児の SST………………………………14
　第4節　わが国における課題―欧米との比較から―…………………20
　第5節　考察と展望……………………………………………………21

第3章　本研究の目的，意義，構成……………………………………25
　第1節　本研究の目的…………………………………………………25
　第2節　本研究の意義…………………………………………………26
　第3節　本研究の構成…………………………………………………26

第4章　自閉スペクトラム症児の社会的スキル…………………………29
　第1節　問題と目的……………………………………………………29
　第2節　方法……………………………………………………………31
　　第1項　対象……………………………………………………………31
　　第2項　調査方法………………………………………………………32

第3項　解析方法 ………………………………………………………… 33

第3節　結果 ………………………………………………………………… 34

第1項　ASD のストレス反応，学校不適応感，ソーシャル・スキルの特徴 …… 34

第2項　ソーシャル・スキルパターンの検討と人数比 ………………… 36

第3項　臨床群における教室登校と別室登校におけるソーシャル・スキルの

相違 ……………………………………………………………………… 38

第4節　考察 ………………………………………………………………… 39

第5章　自閉スペクトラム症児に対する社会的スキル訓練の適応

　　　　―症例研究を通して― ……………………………………………… 43

第1節　問題と目的 ………………………………………………………… 43

第2節　方法 ………………………………………………………………… 44

第1項　対象児の概要 ……………………………………………………… 44

第2項　訓練場面 …………………………………………………………… 48

第3項　訓練手続き ………………………………………………………… 50

第3節　結果 ………………………………………………………………… 50

第1項　面接の経過と学校や家庭でのエピソード ……………………… 50

第2項　質問紙による評価 ………………………………………………… 56

第4節　考察 ………………………………………………………………… 56

第6章　自閉スペクトラム症児に対する社会的スキル訓練・親訓練

　　　　を含めたプログラムの効果検討 …………………………………… 59

第1節　問題と目的 ………………………………………………………… 59

第2節　方法 ………………………………………………………………… 60

第1項　対象 ………………………………………………………………… 60

第2項　プログラム内容 …………………………………………………… 62

第3項　調査方法 …………………………………………………………… 68

第4項　解析方法 ……………………………………………………………… 69

第5項　倫理的配慮 ……………………………………………………………… 69

第3節　結果…………………………………………………………………………… 69

第1項　ベースライン ………………………………………………………… 69

第2項　親評定尺度の変化 …………………………………………………… 70

第3項　教師評定尺度の変化 ………………………………………………… 73

第4項　効果サイズの算出 …………………………………………………… 73

第4節　考察…………………………………………………………………………… 73

第7章　総合考察 ……………………………………………………………………… 77

第1節　本研究の結果のまとめ ………………………………………………… 77

第2節　本研究の限界と課題…………………………………………………… 80

第1項　エビデンスレベルの高い治療デザインの必要性 ……………… 80

第2項　ASD 児・者における社会的スキルのナチュラルヒストリー ………… 81

第3項　日本人の文化に特化したプログラム ……………………………… 81

第4項　感情問題への対応 …………………………………………………… 82

第3節　結語………………………………………………………………………… 82

引用文献 …………………………………………………………………………………… 85

あとがき …………………………………………………………………………………… 93

SST の実施方法に関する資料…………………………………………………………… 97

第1章　自閉スペクトラム症と心理療法

第1節　自閉スペクトラム症の概要

第1項　自閉スペクトラム症とは

　1943年に Kanner が自閉症という概念を提唱した。現在の自閉症の概念とは異なるため，古典的自閉症（カナー症候群）と呼ばれる。この古典的自閉症は，⑴他者との情緒的接触の重篤な欠如，⑵物事を同じままにしようとする強い要求，⑶物に対する強い関心と，ものを器用に扱うこと，⑷言葉が無いか，あってもオウム返しや他者に通じない独特の言葉を使う等，コミュニケーションに役立たない言葉の使用，⑸知的な顔立ち，計算等の特殊な領域での優秀な能力の5項目により診断されていた。

　その後，Asperger（1944）が小児期の自閉的精神病質として報告した自閉症類似の症候群について報告している。その特徴として，他者への愚直で不適切な近づき方，特定の物事への激しく限定的な興味，文法や語彙は正しくても独り言のような一方調子のしゃべり方，相互的やりとりにならない会話，運動協応の稚拙さ，能力的には境界線から標準以上なのに特定の学科に学習困難があること，常識が著しく欠けていること，3歳以前はこれらの特徴が明確でなかったこと，が挙げられた。

　1970年代になると，Wing & Gould（1979）による調査が行われた。身体，学習，行動上の問題と自閉症の関連について調査すると，古典的自閉症の基準を厳密には満たさないものの，多くの自閉的特徴を持つ子供たちが見いだされた。Wing（1981, 1997）は，自閉症を中核とする障害の連続性（スペク

トラム）として捉え，自閉スペクトラム症／自閉症スペクトラム障害（Autism Spectrum Disorders: ASD）という概念を提唱した。自閉症を中核とする症状を，(1)社会性の障害，(2)コミュニケーションの障害，(3)想像力の障害，という"三つ組"に整理し，Asperger が報告した症例を，"三つ組"の障害という枠で，狭義の自閉症として捉えた。

　後に，アメリカ精神医学会診断統計マニュアル第4版修正版（Diagnostic and Statistical Manual of Mental Disorders IV Text Revision: DSM-IV-TR; APA, 2000）では，自閉症を含む障害群を広汎性発達障害（Pervasive Developmental Disorder: PDD）とよび，自閉性障害，アスペルガー障害，特定不能の広汎性発達障害などが含まれていた。自閉性障害の診断基準を Table 1-1，アスペルガー障害の診断基準を Table1-2に示す。もう1つの国際的な操作的診断基準である WHO の疾病及び関連保健問題の国際統計分類（International Statistical Classification of Disease and Related Health Problems: ICD; World Health Organization, 1992）においても，(1)対人的相互作用の質的障害，(2)コミュニケーションの質的障害，(3)反復的，常同的な行動様式や興味の限局のいわゆる"三つ組"が PDD の主症状として位置づけられている。

　ASD が診断基準上で正式の診断名として登場したのは，2013年5月に DSM-IV-TR（APA, 2000）から DSM-5（Diagnostic and Statistical Manual of Mental Disorders 5; APA, 2013）に改定された時である。自閉症は，DSM-IV-TR では，PDD としてカテゴリー概念で捉えられていたが，DSM-5では，ASD としてスペクトラム概念で捉えられることとなった。さらにこれまで主流とされてきた"三つ組"と呼ばれる(1)社会性の障害，(2)コミュニケーションの障害，(3)想像力の障害の3つの診断軸は，(1)と(2)が統合され，「社会的コミュニケーションの障害」と「こだわり」の2つにまとめられた。DSM-5以前に含まれなかった感覚の問題が「こだわり」の領域に含まれた。DSM-5（APA, 2013）による診断基準は Table 1-3の通りである。

　本書では，調査を実施した時期により，DSM-5が施行される前の DSM-

第1章 自閉スペクトラム症と心理療法 3

Table 1-1 DSM-IV-TR における自閉性障害の診断基準

A. (1), (2), (3)から合計6つ（またはそれ以上），うち少なくとも(1)から2つ，(2)と(3)から1つずつの項目を含む。

 (1) 対人相互反応における質的な障害で以下の少なくとも2つによって明らかになる。
  (a) 目と目で見つめ合う，顔の表情，体の姿勢，身振りなど，対人相互反応を調整する多彩な非言語的行動の使用の著明な障害
  (b) 発達の水準に相応した仲間関係を作ることの失敗
  (c) 楽しみ，興味，達成感を他人と分かち合うことを自発的に求めることの欠如（例：興味のある物を見せる，持って来る，指さすことの欠如）
  (d) 対人的または情緒的相互性の欠如

 (2) 以下のうち少なくとも1つによって示されるコミュニケーションの質的な障害：
  (a) 話し言葉の発達の遅れまたは完全な欠如（身振りや物まねのような代わりのコミュニケーションの仕方により補おうという努力を伴わない）
  (b) 十分会話のある者では，他人と会話を開始し継続する能力の著名な障害
  (c) 常同的で反復的な言語の使用または独特な言葉
  (d) 発達水準に相応した，変化に富んだ自発的なごっこ遊びや社会性をもった物まね遊びの欠如

 (3) 行動，興味，および活動の限定された反復的で常同的な様式で，以下の少なくとも1つにより明らかになる。
  (a) 強度または対象において異常なほど，常同的で限定された型の1つまたはいくつかの興味だけに熱中すること
  (b) 特定の機能的でない習慣や儀式にかたくなにこだわるのが明らかである
  (c) 情動的で反復的な衒奇的運動（手や指をぱたぱたさせたりねじ曲げる，または複雑な全身の動き）
  (d) 物体の一部に持続的に熱中する

B. 3歳以前に始まる，以下の領域の少なくとも1つにおける機能の遅れまたは異常：
 (1) 対人的相互反応，
 (2) 対人的コミュニケーションに用いられる言語，または，
 (3) 象徴的または想像的遊び

C. この障害はレット障害または小児期崩壊性障害ではうまく説明されない。

IV-TRによる診断基準を採用している場合PDDとDSM-5による診断基準ASDを採用している場合があるが両者の違いは上記した通りである。

4

Table 1-2　DSM-Ⅳ-TR におけるアスペルガー障害の診断基準

A. 以下のうち少なくとも 2 つによって示される対人的相互反応の質的な障害：
　(1) 目と目で見つめ合う，顔の表情，体の姿勢，身振りなど，対人的相互反応を調節する多彩な非言語的行動の使用の著明な障害
　(2) 発達の水準に相応した仲間関係を作ることの失敗
　(3) 楽しみ，興味，達成感を他人と分かち合うことを自発的に求めることの欠如（例：他の人達に興味のある物を見せる，持って来る，指差すなどをしない）
　(4) 対人的または情緒的相互性の欠如

B. 行動，興味および活動の，限定的，反復的，常同的な様式で，以下の少なくとも 1 つによって明らかになる。
　(1) その強度または対象において異常なほど，常同的で限定された型の 1 つまたはそれ以上の興味だけに熱中すること
　(2) 特定の，機能的でない習慣や儀式にかたくなにこだわるのが明らかである
　(3) 常同的で反復的な衒奇的運動（手や指をぱたぱたさせたり，ねじ曲げる，または複雑な全身の動き）
　(4) 物体の一部に持続的に熱中する

C. その障害は社会的，職業的，または他の重要な領域における機能の臨床的に著しい障害を引き起こしている。

D. 臨床的に著しい言語の遅れがない（例：2 歳までに単語を用い，3 歳までにコミュニケーション的な句を用いる）。

E. 認知の発達，年齢に相応した自己管理能力，（対人関係以外の）適応行動，および小児期における環境への好奇心について臨床的に明らかな遅れがない。

F. 他の特定の広汎性発達障害または統合失調症の基準を満たさない。

Table 1-3　DSM-5における自閉スペクトラム症の診断基準

A. 複数の状況で社会的コミュニケーションおよび対人相互反応における持続的な欠陥があり，現時点または病歴によって，下記により明らかになる。
　⑴ 相互の対人的-情緒的関係の欠落で，例えば，対人的に異常な近づき方や通常の会話のやりとりのできないことといったものから，興味，情動，または感情を共有することの少なさ，社会的相互反応を開始したり応じたりすることができないことに及ぶ。
　⑵ 対人的相互反応で非言語的コミュニケーション行動を用いることの欠陥，例えば，まとまりのわるい言語的，非言語的コミュニケーションから，視線を合わせることと身振りの異常，または，身振りの理解やその使用の欠陥，顔の表情や非言語的コミュニケーションの完全な欠陥に及ぶ。
　⑶ 人間関係を発展させ，維持し，それを理解することの欠陥で，例えば，さまざまな社会的状況に合った行動に調整することの困難さから，想像上の遊びを他者と一緒にしたり，友人を作ることの困難さ，または仲間に対する興味の欠如に及ぶ。

B. 行動，興味，または活動の限定された反復的な様式で，現在または病歴によって，以下の少なくとも2つにより明らかになる。
　⑴ 常同的または反復的な身体の運動，物の使用，または会話（例：おもちゃを一列に並べたり物を叩いたりするなどの単調な常同運動，反響言語，独特な言い回し）。
　⑵ 同一性への固執，習慣への頑なこだわり，または言語的，非言語的な儀式的行動様式（例：小さな変化に対する極度の苦痛，移行することの困難さ，柔軟性に欠ける思考様式，儀式のようなあいさつの習慣，毎日同じ道順をたどったり，同じ食物をたべたりすることへの要求）。
　⑶ 強度または対象において異常なほど，きわめて限定され執着する興味（例：一般的ではない対象への強い愛情または没頭，過度に限局したまたは固執した興味）。
　⑷ 感覚刺激に対する過敏さまたは鈍感さ，または環境の感覚的側面に対する並外れた興味（例：痛みや体温に無関心のように見える，特定の音または触感に逆の反応をする，対象を過度に嗅いだり触れたりする，光または動きを見ることに熱中する）。

C. 症状は発達早期に存在していなければならない（しかし社会的欲求が能力の限界を超えるまでは症状は完全に明らかにならないかもしれないし，その後の生活で学んだ対応の仕方によって隠されている場合もある）。

D. その症状は，社会的，職業的，または他の重要な領域における現在の機能に臨床的に意味のある障害を引き起こしている。

E. これらの障害は，知的能力障害（知的発達症）または全般的発達遅延ではうまく説明されない。知的能力障害と自閉スペクトラム症はしばしば同時におこり，自閉スペクトラム症と知的能力障害の併存の診断を下すためには，社会的コミュニケーションが全般的な発達の水準から期待されるものより下回っていなければならない。

6

第2項　自閉スペクトラム症の疫学的データと経過

　1960〜70年代の調査では，自閉症の頻度は0.04〜0.05％であり，極めて稀な障害であるとされていた。2000年以降，Wingが提唱した自閉スペクトラムの概念が提唱されてから，1〜2％という頻度が報告されるようになった（Baird et al., 2006; Baron-Cohen et al., 2009）。Kim et al.（2011）によると，ASDの有病率は，2.64％と報告され，その7割以上が通常学級に在籍していると報告されている。このような増加の要因として，診断基準が変遷したことで該当する人口が増加したことが挙げられる。一方で，「男性の高年齢」，「体外受精」，「出生時低体重」，「多産」，「妊娠中母体感染症」，「大気汚染」などの環境的要因から真の数として増加している可能性も指摘されている（中村，2013）。

　Church et al.（2000）の研究によると，就学前のASD児は，同年齢と比べて社会的スキルが少し低い程度であるが，小学校に入ると，対人関係の維持や開始に困難を示すようになると報告されている。そのため，通常学級に在籍するASD児は，その社会的スキルの低さから，結果として仲間からの孤立や拒否を経験している（Fisher & Meyer, 2002）。これらの対人関係上のスキルの乏しさは，児童期・思春期・成人期の社会的適応，さらには，成人期までに影響を与え，仕事をしていく上でも悪影響を与え続けるとされている（Venter et al., 1992）。

　近年は，幼少期や児童期のみならず，青年期，成人期のASD者への支援の必要性について叫ばれている。これは，うつや不安障害の精神疾患のために一般精神科受診する青年・成人の中には，ASDでありながらも未診断のまま成長した人が少なくないからである（Lehnhardt et al., 2012）。通常学級に在籍するASD児は，その特徴から思春期には，深刻な二次障害を引き起こし（漆畑・加藤，2003・Church et al., 2000），成人期ASD者の75％は少なくとも1つの精神的問題を抱えていることがわかっている（Ghaziuddin & Zafar,

2008)。

　非行などの反社会的行動に至る児童・青年の中に，ASDをはじめとする発達障害の診断・鑑別がなされることが少なくないとされている（藤川，2009）。パニックやフラッシュバックの反応に随伴して起こるタイプや思春期以降の高次の対人関係に起因する負荷への反応から生じるタイプがあるとされている（藤川，2009）。また，ひきこもり状態を呈している青年の中にも多くのASDが含まれているといった報告もある（近藤ら，2010）。

　特に，海外の文化と比べ，考えや気持ちを直接表現せず，気持ちを察するのがよいとされる文化を持つ日本において，ASD児・者は，疎外されやすく，社会的評判の低下やレッテル張りをされやすいのではないかと考えられる。社会的問題である非行や犯罪に繋がる可能性や精神問題や不就労といった日本の医療費増大のことを考えると，ASD児・者が本来の力を発揮できるような心理的支援や福祉的支援を含めた環境調整が必要である。

第2節　自閉スペクトラム症児に対する心理療法

　近年，ASDの児童・青年期へのエビデンスに基づく実践（evidence-based practice: EBP）が明らかにされつつある（National Autism Center, 2009; Odom et al., 2010; Wong et al., 2015）。2014年に公表されたノースカロライナ大学チャペルヒル校の研究グループは，ASD児に対するエビデンスに基づく実践として27のアプローチを紹介した（Table 1-4）。これらのほとんどは行動論に基づいたアプローチであった。このうちの社会的スキル訓練（social skill training: SST）は，行動理論を基礎としており，モデリング，リハーサル，フィードバックといった諸技法から構成されている（Oden & Asher, 1977）。コクラン・レビューによると，ASD児に対するSSTは，社会的に是認された方法を用いて効果的な相互交渉を行なう能力（社会的コンピテンス）や友人関係の質を向上させることがわかっている（Reichow et al., 2012）。

8

Table 1-4　27のエビデンスに基づく実践（Wong et al., 2014）

1. 先行子に基づいた介入　Antecedent-based intervention
2. 認知行動的介入　Cognitive behavioral intervention
3. 代替行動分化強化・非両立行動分化強化・他行動分化強化
   Differential reinforcement of Alternative/ Incompatible/ Other behavior
4. 断続試行型指導　Discrete trial teaching
5. エクササイズ　Exercise
6. 消去　Extinction
7. 機能的アセスメント　Functional behavior assessment
8. 機能的コミュニケーション訓練　Functional communication training
9. モデリング　Modeling
10. 自然主義的な介入　Naturalistic intervention
11. 親によって実施される介入　Parent-implemented intervention
12. 仲間を介した指導や介入　Peer-mediated instruction and intervention
13. 絵カード交換コミュニケーションシステム
    Picture Exchange Communication System（PECS）
14. 機軸反応訓練　Pivotal response training
15. プロンプティング　Prompting
16. 強化　Rainforcement
17. 反応妨害・反応移行　Response interruption/ redirection
18. スクリプティング　Scripting
19. セルフ・マネジメント　Self-management
20. ソーシャル・ナラティブ　Social narratives
21. 社会的スキル訓練　Social skills training
22. 構造化されたプレイ・グループ　Structured play group
23. 課題分析　Task analysis
24. テクノロジーを用いた指導や介入　Technology-aided instruction and intervention
25. 時間遅延法　Time delay
26. ビデオ・モデリング　Video modeling
27. 視覚的支援　Visual support

　このような流れをうけ，本邦でも ASD 児に対する SST の研究が実践さ
れ始めている（繪内ら2005）。そこで，次章にて ASD 児に対する SST の現状
と課題について言及する。

第2章　自閉スペクトラム症児への
社会的スキル訓練の現状と課題

第1節　問題と目的

　現在，欧米において，ASD 児への SST のレビューは散見されるものの（White et al., 2007, Rao et al., 2008, Bellini et al., 2007），日本での系統的なレビューは見受けられない。さらに，ASD 児への SST に関する研究を検索すると，該当するものが多いが，その中で，前章で紹介した行動理論を基礎にしているものは少数である。そこで，本章では，わが国における ASD 児に必要とされる SST 介入プログラムを提案するために，①国内の ASD 児に対する行動理論を基礎とした SST 介入研究の現状を把握する，②海外研究との比較から国内の ASD 児に対する SST 介入研究の進歩状況を把握する，③海外研究での効果的なプログラムからわが国で求められるプログラムの示唆を得ることを目的とした。そして，それらの情報から，今後，わが国の有効なASD 児に対する SST 介入を提供するために必要な視点について考察する。

第2節　わが国における ASD 児への SST 介入

　医学中央雑誌，CiNii をサーチエンジンとして用いた。検索条件として，①日本語であること，②検索用語としてフリーワードで，「高機能」，「アスペルガー」，「発達障害」，「自閉症」のいずれかの語を含むもの，加えて，「社会的スキル訓練」，「ソーシャルスキル」，「SST」のいずれかの語を含むもの，③大会発表論文集・会議録記事・報告・紀要を除くこと，④解説や総

説は除くこと，⑤検索の対象期間は，最近の介入研究の動向を明らかにするために，2000年1月〜2011年12月として検索した。その結果，それぞれのサーチエンジンの重複した文献を除いて，77編の研究が抽出され，アブストラクトやフルテキストが取り寄せられた。抽出された論文から，①介入対象者が，おおむね IQ70以上，自閉性障害，アスペルガー障害もしくは，特定不能の PDD の診断がある児童期から思春期の子どもを対象にしている，②社会的スキルの向上を目的とした介入研究である，③介入対象者の診断名，学年などの基本情報が記載されている，④行動理論に基づく SST の訓練技法が記載されている，⑤客観的指標を用いて効果測定を行っているものを対象とした結果，7編が抽出された（Table 2-1）。

　7編の論文の内，4編が小学生を対象としており，その他の3編は，中学生を対象とし，1編は両者を対象としていた。全て小集団介入であったが，対象児1名に仲間を交えた介入が1編，対象児1名にスタッフを含めた小集団の中で行われたものが，2編であった。SST 介入研究の介入間隔や介入時間として1編が，3週間に1回，3編が，月に2回以上，介入時間は1回につき30分〜120分であった。3ヶ月間毎日，20分という介入期間のものが1編あった。介入を行った回数は，6回〜20回であった。介入デザインとしては，統制群を設定した研究はなく，全て，事前事後比較の研究であり，統計的解析を行ったものはなかった。

　標的とされた社会的スキルは，「聞くスキル（上手な話の聞き方，積極的な聞き方）」が多く，7編の内，5編が標的スキルとしていた。次に多く取り上げられた社会的スキルとしては，「仲間への入り方」や「質問する」であり，7編中3編が標的スキルとしていた。「あたたかな言葉かけ」は7編中2編が標的スキルとしていた。

　SST 技法は，7編中，5編がコーチング法を用いた技法であり，その他の2編はモデル提示や行動リハーサルを単独で用いていた。例えば，吉田・井上（2008）の介入研究では，仲間媒介法でボードゲームを用いた行動リハー

サルを行い，奥野・納富（2007）は，コンピューターを用いて教示やモデル提示を行った。

　使用されている測度としては，評定尺度，行動観察が用いられており，評定尺度では，4編が社会的スキルの測定を行っていた。4編中3編が使用している尺度が指導のためのソーシャル・スキル尺度（岡田，2003），1編は，児童用社会的スキル尺度（教師評定）（磯部ら，2006）であった。指導のためのソーシャル・スキル尺度は，指導の際のアセスメントおよび効果測定を行うために，2003年に岡田によって作成された教師評定用尺度である。集団行動（協調行動，セルフコントロール・スキル），仲間関与スキル，言語的コミュニケーション・スキルの3因子42項目から構成されている。この尺度は，指導用にターゲットを決定したり，プログラムを計画したりする際に用いるために作成されている。そのため，3因子の累積寄与率が低いことが課題としてあげられている。児童用社会的スキル尺度（教師評定）は，社会的スキル領域と問題行動領域の2つの領域を査定することができる尺度であり，2006年に磯部らによって開発された。社会的スキル領域には，働きかけ，学業，自己コントロール，仲間強化，規律性の5因子，37項目から成り，問題行動領域には，外面化行動問題，内面化行動問題の2因子12項目から成っており，健常群で標準化されている。

　介入効果については，効果サイズ（ES: Effect Size）を算出した。効果サイズとは，「効果の大きさ」のことを指し，実験的操作（experimental manipulation）の効果や変数間の関係の強さ（strength of association）を表す指標のことであり（Field & Hole, 2003），サンプルサイズによって変化することのない，標準化された指標である（0.2：効果サイズは小さい，0.5：効果サイズは中程度，0.8：効果が大きい）。効果サイズは，岡田ら（2005b），福島ら（2010）の研究のみ算出することができたが，効果が大きいとされる0.8以上に該当しなかった。また，般化効果を報告したものは，吉田・井上（2008）のみであり，大月ら（2006）は雑談場面での般化効果が報告された。維持効果につ

12

Table 2-1 日本における ASD 児への SST 介入

Author/ Year	Participants	Settings/ Sessions	Target Skills/ Behaviors	Program/ Contents
若澤ら (2011)	①小5男児 (AS) ②中1男児 (HFA)	大学生を含む 小集団指導， ①14回，②11 回	①参加スキル，ルー ル確認，②あいづち をうつ	① SST 場面，遊 び場面，② SST 場面，クイズ
福島ら (2010)	小3男児 (PDD) 小4男児 (AS) 小5男児2名 (PDD・AS) 小6男児2名 (PDD・AS)	小集団指導6回 (2週1回， 60分)	ルールスキル，お話 スキル，表情読み取 りスキル，落ち着き スキル，思いやりス キル，スポーツマン シップスキル	あいさつ，HW の確認，準備運 動，スキルの導 入と実践，宿題 の提示
吉田・井上 (2008)	小6男児 (HFA)	小集団指導 (4週間，1日 1回，20分)	積極的な聞き方，あ たたかいメッセー ジ，マナー，質問す る，感情を分かち合 う，主張する，自己 コントロール，問題 解決	学校の休み時間 に仲間媒介児と ともに，ボード ゲームを行う
奥野・納富 (2007)	小4男児3名 (HFA) 小2男児 (HFA)	小集団指導8回 (3週間に1回)	約束を守る，順番を 守る 話をきく姿勢，わか らないときに聞く	始めの会（15 分），コンピュー ター学習（30 分），終わりの会 (15分)
大月ら (2006)	中2男児 (AS)	大学生を含む 小集団指導18 回（週1回， 50分)	相手の反応を待って から話し始める，話 をきく，質問する	始めの会，課外授 業，休憩，レクリ エーション活動， 終わりの会
岡田ら (2005a)	小4男児 (LD) 小5男児2名 (ADHD・AS)	小集団指導8回 (1ヶ月3回， 30〜40分)	あたたかな言葉かけ， 提案する，聞き方， 仲間への入り方，嫌 な気持ちを相手に伝 える・和らげ方	SST 場面，ゲー ムによるエクサ サイズプログラ ム（ゲーム・リハー サル)
岡田ら (2005b)	中2女児2名 (AS) 中1男児2名 (LD・PDD) 中2男児 (LD) 中3男児 (AS + ADHD)	小集団指導20 回（月2回， 120分)	相手のことを考えて 声をかける，相手に わかりやすく伝え る，問題解決スキ ル，話し合い	雑談タイム， ゲーム，ソー シャルスキルプ ログラム，お楽 しみ活動，ふり 返り

HFA: High-Function Autism, AS: Asperger's Syndrome, PDD: Pervasive Developmental Disorder,
ES: Effect Size, LD: Learning Disabilities, ADHD: Attention Deficit/Hyperactivity Disorder, SC: Self-
Control.

Techniques	Measures	Outcomes	Effect Size
教示, モデル提示, 行動リハーサル, フィードバック	行動観察	①問題行動の頻度の減少, 標的スキルの生起, ②あいづちの増加	—
教示, モデル提示, フィードバック, 強化	指導のためのソーシャルスキル尺度	集団行動, セルフコントロール, 仲間関係得点の増加	集団行動 ($ES = 0.65$), SC ($ES = 0.75$), 仲間関係 ($ES = 0.59$), コミュニケーション ($ES = 0.05$)
行動リハーサル, 仲間媒介法	行動観察 児童用社会的スキル尺度教師評定版	ゲーム内での社会的スキルの正反応率の向上, 社会的スキル尺度得点の向上	—
教示, モデル提示	新版SM社会生活能力検査	「自己統制」得点の向上	—
教示, モデル提示, 行動リハーサル, フィードバック, 強化	行動観察	訓練場面での標的行動の生起率の向上, 自由場面での会話中の相互作用の改善	—
教示, モデリング, リハーサル, フィードバック, 般化	行動観察 指導のためのソーシャル・スキル尺度	3名中2名は, 協調的行動の増加, 消極行動や攻撃行動の減少	—
教示, モデリング, リハーサル, フィードバック, 般化, 問題解決	指導のためのソーシャル・スキル尺度, ASのための社会的認知課題	6名中4名が, 社会的スキル得点の向上, 社会的認知に関するスキルの向上	集団行動 ($ES = 0.24$), 仲間関与 ($ES = 0.72$), 言語的 ($ES = 0.45$), 協調行動 ($ES = 0.09$), SC ($ES = 0.16$)

14

いては，若澤ら（2011）の研究で対象とされた1事例において1ヶ月間の維持が報告された。

　これらのことから，報告されたわが国でのASD児へのSST介入は，2000年からの11年において，7件程度であり，今後，この分野での研究の発展が求められる。効果が高いとされる研究の報告はなく，検証できるほどの人数を確保された研究は見当たらなかった。さらに，研究デザインとしては，前後比較が多く，統制群を設定した研究が必要である。使用する尺度においても，ASD児に特有の社会的スキルを把握でき，標準化された尺度がないなどの問題が存在することが明らかとなった。

第3節　欧米におけるASD児のSST

　我が国のASD児へのSST介入の現状について明らかとなったが，今後どのような研究が必要であるか，欧米での取り組みから下記に比較する。高機能ASD児へのSSTプログラムに関する論文を抽出するために，PsycINFO, PsychARTICLES, PubMedをサーチエンジンとして用いて検索を行った。検索条件として，①言語はEnglishに限ること，②検索用語として「Title」か「Abstract」のどちらかに，「autism spectrum」，「pervasive developmental disorder」，「asperger」のいずれかの語を含むもの，加えて，「social skills training」，「intervention」の両方の語を含むものとした。③検索の対象期間は，最近の介入研究の動向を明らかにするために，2000年1月〜2011年12月として検索した。その結果，47編の研究が抽出され，アブストラクトやフルテキストが取り寄せられた。論文の抽出条件は，わが国で抽出された条件と同様であった。その結果，9編が抽出された（Table 2-2）。

　抽出された9編の論文の内，5編は小学生を対象としていた。その他の4編は，児童期〜思春期を含めた10代に対して介入が行われていた。介入時間はおおよそ，週1回で1時間〜2時間であり，介入は8週〜14週にかけて行

われていた。介入の形態として，9編中6編がおおよそ4〜10人で構成された集団介入，2編がコンピューターを利用した介入であり，1編は個別介入であった。個別介入を行った研究では，妹や母親に訓練を行い，対象児童に社会的スキルを教えるものであった（Stewart et al., 2007）。介入デザインとしては，ランダム化比較試験（randomized controlled trial: RCT）が4編，統制群を伴う研究が1編，それ以外は，統制群を伴わない事前事後比較であった。

　標的とされた社会的スキルは，会話に関するスキルが多く，9編の内，6編が標的スキルとしていた。次に多く取り上げられた社会的スキルとしては，仲間に入る，会話を始めるといったかかわり始めに必要なエントリースキルであり，4編が採用していた。問題解決スキルは，2編において標的スキルとされており，相手の感情を言語的・非言語的サインから特定する行動を標的スキルとしている介入が2編あった。

　SST介入技法として，教示，ロールプレイ，モデリング，行動リハーサル，フィードバックを含めたコーチング法が多く，9編のうち7編を占めていた。その他の2編は，コンピューター介入（Beaumont & Sofronoff 2008, Hopkins et al., 2011）であった。

　使用されている測度の内，社会的スキルを測定する尺度として，Social Skills Rating System（SSRS）があり，抽出された9編の内，5編に用いられていた。SSRSは，1990年に，Gresham & Elliottが開発し，社会的スキルを測定する尺度として，よく用いられている尺度の1つである。対象は3-18歳の子どもの社会的スキルを測定するものであり，自己評定，親評定，教師評定がある。社会的スキルに関する下位尺度「協調性」，「主張性」，「セルフコントロール」の3因子と問題行動に関する下位尺度「内面化問題」，「外面化問題」の計38項目から成っている。

　Laugeson et al.（2012）の研究は，効果サイズが，どの尺度も概ね高かった。Laugeson et al. の研究チームは，2006年からPEERSプログラムに関する一連の研究を開始しており，Laugeson et al.（2009）は，13歳〜17歳の思

Table 2-2 欧米における ASD 児への SST 研究

Author /Year	Participants	Settings/ Sessions	Target Skills/ Behaviors	Program/ Contents
Hopkins et al. (2011)	6 歳～15 歳 49 名（男児 44 名，女児 5 名）Tx: LFA11 名，HFA13 名，WL: LFA14 名，HFA11 名	12回，週2回，10-25分，RCT	視線に反応する，表情を認知する，顔色を認知する	―
Antshel et al. (2011)	8 歳～12 歳 104 名（ASD84名）ASD，ASD + ANX，ASD + ADHD 群の比較	10回，週60分	会話スキル（会話に入る，コメントを言う，質問する，適した話題を選ぶ），からかいへの対応，問題解決，セルフコントロール	子どもグループと親グループ
Laugeson et al. (2011)	12歳～17歳28名（男児23名，女児 5 名）Tx: 14名（HFA 7 名，AS 7 名）WL: 14名（HFA 7 名，AS 6 名，PDD-NOS 1 名）	14回，週90分	会話スキル，インターネットコミュニケーション，友達を選ぶ，ユーモアの使用，エントリースキル，会話の終わり方，協力する，スポーツマンシップ，からかい，いじめ，うわさへの対応，討論のしかた	UCLA PEERS Program 親プログラムも同時に行う
Frankel et al. (2010)	2～5 学年，68名（ASD 男児 58 名，女児 10 名）Tx: 40名 WL: 36名	12 週，週 60分，RCT UCLA 外来クリニック	会話スキル，エントリースキル，インターネットコミュニケーション，スポーツマンシップ，ホームパーティーで上手にホストを務める，からかいへの対応	CFT (Parent-assisted Children's Friendship Training) 子どもセッションと親セッション
Herbrecht et al. (2009)	9 歳～20歳 男児15名，女児 2 名 6 名（HFA），6 名（AS）5 名（PDD-NOS）	11ヶ月，児童グループ（1週間，60分），思春期グループ（2 週間，90分）	社会的な提案，会話スキル，社会的ルール，対人関係の理解，言語・非言語的な社会的サインを特定する・解釈する，問題解決，コーピング方略，自信をもつ	KONTAKT (Frankfurt Social Skills Training)

Techniques	Measures	Outcomes	Effect Sizes
アバターを用いたコンピューターゲーム	KBIT-2, ER, RF, SSRS（親評定）, 行動観察	LFA:感情認知と社会的相互作用の増加, HFA:表情認知, 感情認知, 社会的相互作用の増加	HFA: SSRS（C:ES=0.12, A:ES=0.34, R:ES=0.00, SC:ES=0.83, Com: ES=0.25,）, SSO: ES=0.46
教示, モデリング, ロールプレイ, フィードバック, ホームワーク	SSRS（親評定）, Parent Satisfaction	ASD:協調性, 主張性, 反応性の増加, ASD + ANX:主張性, 反応性, SC の増加, ASD + ADHD:変化なし	ASD: SSRS（ES=0.68）, ASD + ANX:SSRS（ES=1.24）, ASD + ADHD: －
教示, ロールプレイ, モデリング, 行動リハーサル, フィードバック, ホームワーク	SSRS（親評定・教師評定）, SRS, TASSK-R, QPQ, KBIT-2, Vineland-II	社会的スキルの知識の改善, 社会的反応, 社会的スキル全体の有意な改善, 自閉的こだわりの減少, 仲間との相互作用の増加, 14週後も維持	TASSK（ES=2.97）, QPQ-H（自己:ES=3.78, 親:ES=2.58）, SSRS -SS（親:ES=1.57, 教師: ES=1.13）, SSRS-A:（親: ES=1.14, 教師:1.13）, SSRS-PB（ES=0.38）, SSRS-C（ES=0.86）, SSRS-R（ES=1.13）, SSRS-SC（ES=0.75）, SSRS-E（ES=0.07）, SRS=（親:ES=2.18, 教師:ES=3.27）
教示, モデリング, リハーサル, フィードバック, 家でリハーサル, ホームワーク	対象児：Loneliness Scale, 親：PHS, QPQ, SSRS, 教師：PEI, 行動観察：VABS, SES	治療群は, 統制群よりも, 親評定の社会的スキル, 遊び行動が増加し, 児童自己評定の孤独感, 人気度が有意に改善, 3ヶ月後の親評定は有意に改善	LS:ES=0.24, Pop:ES=0.24, QPQ-H:ES=0.59, QPQ-G:ES=0.44, QPQ-C:ES=0.69, QPQ-E:ES=0.23, QPQ-D:ES=1.16, SSRS-A: ES=0.82, SSRS-S:ES=0.59, SSRS-E: ES=0.27, SSRS-I:ES=0.35, PEI-W: ES=0.14, PEI-A: ES=0.18
導入, （グループルール, ホームワーク）, ゲーム, グループ活動, ロールプレイ, グループ討論, 感情認知と解釈, フィードバック	CGB, DCL, GAS, BE, SKS, PIA, FABEL, FEG	GCS, SKS, DCL, PIA-CV が有意に改善, 児童グループの方が思春期グループよりも改善が大きい。非言語IQと言語能力が正の影響, コミュニケーションスキルには年齢が正の影響あり。	CGB（ES=0.38）, DCL-S（ES=0.62）, DCL-K（ES=0.36）, DCL-ST（ES=0.98）, GAS（ES=0.62）, BE（ES=0.26）, SKS（ES=0.46）, PIA-S（ES=0.75）, PIA-AR（ES=0.38）, PIA-INT（ES=1.01）, PIA-K（ES=0.47）, PIA-StT（ES=0.18）, PIA-GL（ES=0.40）, FABEL（ES=0.12）, FEG（ES=1.67）

Author /Year	Participants	Settings/ Sessions	Target Skills/ Behaviors	Program/ Contents
Laugeson et al. (2009)	13～17歳33名（男児28名，女児5名），23名 HFA，9名 AS，1名 PDD-NOS Tx:17名，WL:16名	12週，90分 RCT	会話スキル，インターネットコミュニケーション，適した友だちを選ぶ，仲間への入り方，仲間からの抜け方，協力する，スポーツマンシップ，からかい，いじめ，うわさへの対応，意見の相違の対応	PEERS (Program for the Education and Enrichment of Relational Skills)
Beaumont and Sofronoff (2008)	Tx:男児23名，女児3名，7歳～11歳，AS）WL:男児21名，女児2名，8歳～11歳，AS）	7週，週に2時間 RCT	レベル1：登場人物の表情や言葉から感情を探る レベル2：様々な状況で登場人物の感情を理解する レベル3：感情コントロール，状況への対処	JDTP (Junior Detecti -ve Training Program) ペアレントトレーニング・先生への教材
Stewart (2007)	10歳男児（AS）1名	－	アイコンタクト，退屈か尋ねる，話題を変える，問題のある話題を避ける	ファミリーメンバートレーニング（家族が対象児にトレーニングを行う）
Barnhill et al. (2002)	17歳女児1名（AS），13歳～18歳男児7名（PDD-NOS, AS, HFA）	8週，週に1時間	感情への気づき，感情を表現する（非言語的なコミュニケーションスキル）	Teaching Your Child the Language of Social Success

Tx: Treatment Group, WL: Wait-list Control Group, LFA: Low-Function Autism, HFA: High-Function Autism, RCT: Randomized controlled trial, KBIT-2: Kaufman Brief Intelligence Test - Second Edition, ER: Emotion Recognition, FR: Facial Recognition, SSRS: Social Skills Rating System, SSRS-C: SSRS in the area of Cooperation, SSRS-A: SSRS in the area of Assertion, SSRS-R: SSRS in the area of Responsibility, SSRS-SC: SSRS in the area of Self- Control, SSRS-Com: SSRS in the area of Composite, SSO: Social Skills Observation , ANX: Anxiety, ADHD: Attention Deficit/Hyperactivity Disorder, AS: Asperger's Syndrome, PDD-NOS: Pervasive Developmental Disorder-Not Otherwise, SRS: Social Responsiveness Scale, QPQ: The Quality of Play Questionnaire, TASSK-R: Test of Adolescent Social Skills Knowledge- Revised, Vineland-II: Vineland Adaptive Behavior Scales-Second Edition, QPQ-H: QPQ in the area of host, SSRS-SS: SSRS in the area of Social Skill, SSRS-PB: SSRS in the area of Problem Behavior, SSRS-E: SSRS in the area of Externalizing Behavior, PHS: Piers- Harris Self- Concept Scale, PEI: The Pupil Evaluation Inventory, VABS: Vineland Adaptive

Techniques	Measures	Outcomes	Effect Sizes
教示, ロールプレイ, モデリング, 行動リハーサル, フィードバック, ホームワーク	SSRS（親評定・教師評定）, KBIT-2, Vineland-II, TASSK-R, QPQ, FQS	治療グループでは, TASSK のソーシャルスキルの知識の改善, ホストパーティーの頻度の増加, 全体的なソーシャルスキルの改善, 教師評定では, の有意な改善なし。	TASSK （$ES = 3.21$）, QPQ （$ES = 1.14$）, FQS （$ES = 0.11$）, SSRS （親:$ES = 0.90$）
コンピューターゲーム（少年探偵ゲーム）によるバーチャルリアリティーミッション	SSQ（親・評定）, ERSSQ, FE, BP, Dylan is Being Teased	社会的スキルの向上（親評定）, 社会的機能の改善（教師評定）, 登場人物の感情コントロールの向上, 5ヶ月間の維持効果	SSQ （親:$ES = 1.46$）, ERSSQ （$ES = 1.48$）, FE （$ES = 0.93$）, BP （$ES = 0.43$）
教示, モデリング行動リハーサル, フィードバック,	行動観察	標的とされた社会的スキルを実施する頻度の増加	-
モデリングロールプレイ強化・フィードバック	DANVA2 (The Diagnostic Analysis of Nonverbal Accuracy 2)	表情, 非言語的コミュニケーションの認知は変化なし	感情を当てる課題：大人の表情 （$ES = 0.52$）, 子どもの表情 （$ES = 0.33$）, 大人の声色 （$ES = 0.39$）, 子どもの声色 （$ES = 0.33$）

Behavior Scales, SES: Socioeconomic Status, LS: Loneliness Scale, Pop: Popularity , QPQ-G: QPQ in the area of Guest, QPQ-C: QPQ in the area of Conflict, QPQ-E: QPQ in the area of Engage, QPQ-D: QPQ in the area of Disengage, SSRS-I: SSRS in the area of Internalizing, PEI-W: PEI in the area of Withdrawal, PEI-A: PEI in the area of Aggression, CGB : Checklist for Group behavior, DCL-S: Diagnostic Checklist for PDD in the area of social interaction, DCL-K: DCL in the area of communication. DCL-ST: DCL in the area of stereotyped, behaviours and interests. GAS: Global assessment of Functioning Scale, BE : Blind Expert Rating, SKS: Social Competence Scale, PIA-S: Parent Interview for Autism in the area of social interaction. PIA-AR: PIA in the area of affective reactivity. PIA-INT: PIA in the area of interaction with peers. PIA-K: PIA in the area of communication. PIA-ST: PIA in the area of stereotyped behavior. PIA-GL: PIA in the area of need for sameness. FABEL: Impact-on-Family-Scale, FEG: Questionnaire for the Assessment of Group Behavior, FQS: Friendship Qualities Scale, ERSSQ:, EF: Assessment of Emotion from Facial Expression, BP: Assessment of Emotion from Body Posture.

春期，Flankel et al.（2010）は，児童期を対象とした介入を行っている。PEERS プログラムは，子どもが友達関係を維持するために必要なことを学ぶために，親もセッションを受けることが特徴的である。さらに，維持効果について検討した研究は，3 編で，Beaumont & Sofronoff（2008）は，5 ヶ月間，Flankel et al.（2010）は，親評定尺度のみ 3 ヶ月間，Laugeson et al.（2012）は，14 週間の維持効果を報告した。般化効果として，教師評定の改善がみられたものは，Beaumont & Sofronoff（2008）と，Laugeson et al.（2012）であった。

第4節　わが国における課題―欧米との比較から―

欧米における ASD 児の SST の今後の課題を整理し，わが国における課題を以下に述べる。本研究により，抽出された欧米での介入論文の中では，RCT の研究デザインが4編あった。さらに，わが国では，RCT はなく，統計的に前後比較したものはなかった。このことから，エビデンスを蓄積できるような研究デザインが求められる。アスペルガー障害，高機能自閉性障害に対する SST をレビューした Rao et al.（2008）も，データ解析で有意差検定できるほどのサンプルサイズを有している研究が少ないこと，発達の要因，治療過程の時期の要因を統制したグループデザインを利用している研究が少ないことを問題として挙げている。

欧米の研究において，介入効果にばらつきがあり，介入効果を高めていくことが求められる。学習障害，精神遅滞，情緒障害，ADHD の児童を対象とした SST の効果に関するメタ分析を行った Grasham et al.（2001）の研究においても，同様の結果が得られている。このようにばらつきがあるのは，訓練が文脈を考慮した治療場面で行われていない，スキル欠損タイプもしくは，実行欠如タイプのようなスキルタイプに合わせて，社会的スキルの方略を実施していないことが要因となっているのではないかと Grasham et al.

第2章　自閉スペクトラム症児への社会的スキル訓練の現状と課題　21

(2001) は，推察している。わが国においては，介入効果のばらつきを検討するに至らなかったため，論文に，平均値，標準偏差の記載が求められる。維持効果，般化効果も同様に効果を高めることが求められており，欧米，わが国と共に，検証された論文が少ないことが課題として挙げられる。つまり，欧米の SST プログラムをそのまま導入しても十分な効果は期待できないかもしれない。

　欧米の研究では，社会的スキルの査定に9編の内，5編に SSRS が用いられていた。ASD 児への集団 SST についてレビューした White et al. (2007) によると，ASD 児特有の能力や社会的スキルを測定する測度が存在しないことが問題として指摘されている。ASD 児に乏しいとされる社会的スキルが特定されれば，ASD 児に特化した介入内容が検討されやすいからである。Bellini et al. (2007) は，より ASD に特化した，治療の変化に敏感である尺度について紹介している。その中の一つである Social Responsiveness Scale (SRS) は，Constantino & Gruber (2005) によって開発され，65項目5因子「受容的」，「認知的」，「表現」，「動機づけ」，「社会的行動」，「没頭」から構成される。Laugeson et al. (2012) の介入研究においても，SSRS と共に SRS が，用いられている。SRS は，日本語版である，対人応答性尺度の開発が進められている（神尾ら，2009）。わが国においても，SRS のように，標準化された尺度を使用した研究が求められる。

第5節　考察と展望

　本研究から，通常学級に在籍する ASD 児への SST の効果は限定的であり，圧倒的に研究数が不足している。介入効果，維持効果，般化効果を向上させることに関しては，欧米においても日本においても共通した課題である。米国精神保健研究所（National Institute of Mental Health [NIMH], 2004）によると，ASD の治療法として，応用行動分析が効果的であるとしている。

応用行動分析では社会的な機能について行動分析を行うが，行動分析を行った臨床研究の大半において，問題行動と機能的に等価な代替行動もしくは，その場において最も望ましいとされる行動（最適行動）として，社会的スキルの指導を実施している（Ervin et al., 2001）。つまり，ASD児へのSSTを行う際には，標的スキルを選定するために，行動随伴性（状況事象，先行事象，行動，結果事象）に基づいて分析することが効果を高めるために必要かもしれない。Grasham et al.（2001）は，社会的スキルのスキルタイプ（欠損タイプ，実行欠如タイプ）に合わせた介入の必要性を述べており，標的スキルのスキルタイプを想定することも必要かもしれない。また，ASD児が社会的スキルを発揮することが望ましいとされる同年代の集団がいる学校場面のような文脈を想定した訓練を行うことが重要であると考えられる。例えば，SSTのコーチング方の構成要素の1つである教示を行う場面において，学校で起こりやすいことを例にあげて，標的スキルを使用することの必要性を考える，なるべく学校場面に似せたセッティングを行うなどが考えられる。

　また，佐藤ら（1998）は，健常児を対象としたSST研究において，日常生活への般化と維持を可能にするためには，標的とされた社会的スキルに関する概念的理解を深める，標的とした社会的スキルを行動リハーサルする機会を十分に設定する，訓練段階から仲間を参加させる，組織的かつ構造的に相互作用を促進する環境が設定された遊びをすることが必要であるとしている。このような，般化と維持を可能にするための工夫を取り入れたプログラムを開発し，効果を検討していくことが求められる。

　効果サイズが高く，維持効果，般化効果も高かった介入として，Laugeson et al.（2012）の介入研究が挙げられる。この研究では，ホームワークとして，グループメンバーと電話で情報交換をすることを練習したり，仲間の会話に入ることを練習する。親は，必要に応じて，コーチングし，ホームワークをサポートしている。このプログラムが標的としている社会的スキルの中には，パーティーでのホストを務めるなど，わが国では，あ

まりみられない文化的相違も存在すると考えられる。そのため，プログラムをそのまま，導入するよりは，我が国で取り上げられていた標的スキルを参考にしたり，日本の文化的背景に合わせた SST プログラムを開発する必要性がある。一方で，ASD 傾向が高い児童への介入プログラムでは，親を巻き込んだ方が効果的であるという報告があることから（Puleo & Kendall, 2011），訓練に親が見学をする，親が必要に応じてアシストするなどの内容を含めたり，系統的な親訓練を含めたりすることも効果をあげる工夫かもしれない。Laugeson et al.（2012）は，このようにマニュアル化された親を含めた介入が，般化や維持効果を促進すると考察しており，わが国においても，マニュアルを作成したプログラムを作ることで，効果の促進や実践を広めていくことにつながるかもしれない。

　通常学級に在籍する ASD 児に必要とされる SST 介入としてまず，対象児のどのような行動問題に取り組むのか査定することが重要である。その際，行動分析を行うことも重要な手がかりになると考える。行動問題の行動分析を行い，問題とされる行動の代替行動となる標的スキルを選択する。選択された標的スキルは，その社会的スキルを未だ学習していないのか（スキル欠損タイプ），学習しているが知識が少ないため，もしくは，緊張や不安のために実行できないのか（実行欠如タイプ）整理する。また，対象児が標的スキルを獲得したと想定した場合，その社会的スキルを使用することでクラスメイトとどのような相互作用になるのかについても，査定の段階で，あらかじめ行動分析を行っておく。獲得した社会的スキルを使用しても，クラスメイトから好ましい反応を引き出せなければ，獲得した社会的スキルが維持されにくいからである。集団介入においても，対象児それぞれの行動分析を行い，あらかじめ，仮説を立てることは可能である。

　本研究では，検索要件に，論文発表集，会議録記事，紀要や報告などを除外し，peer review に限って論文を抽出している。抽出課程で，基準は満たすものの，紀要であるため除外されたものが，わが国で 5 編あり，peer review の論文を増やすことが重要課題であるといえる。上記に，日本の文化的背景を考慮されたプログラムが必要であると述べたが，介入効果，般化効果や維持効果を高めるための工夫などを施し，peer review の論文を増やし，研究デザインも考慮し，エビデンスを蓄積することが求められている。

　介入効果，般化効果や維持効果を高めるために，下記に考えられる工夫について述べる。教室に似たセッティングを行う，学校の文脈に合わせた教示準備する，発表・着席などの学校でのルールを取り入れる，教室の仲間を参加させる，プログラム内容に自由般化場面を設定し，相互作用を促進し，ゲームや遊びで，スキルが発揮されるように促す，ホームワークで親とリハーサルを行う，親が必要に応じてコーチングする，親訓練を含めるなどといった工夫を行い，効果の検証を行うことが求められる。

　最後に，わが国において，社会的スキルは，幅広い概念で用いられている。これは，エビデンス蓄積の際に効果がまとめられる可能性があるため，エビデンスの蓄積のためにも，行動理論に基づく SST と区別される必要があると考える。今後，上にまとめた課題についてわが国でも取り組んでいくことが必要であり，教育・福祉・医療分野で SST プログラムが実施されることが求められる。

第3章　本研究の目的，意義，構成

第1節　本研究の目的

　第1章では，ASD児に対する心理的支援や環境調整の必要性について整理された。ASD児・者に対して，効果的であるとされるSSTについて取り上げ，第2章では，ASD児に対するSSTの日本における現状と課題が見いだされた。

　今後ASD児に対するSSTの実践をわが国に取り入れていく際の問題点と対策について下記に整理した。

⑴ ASD特有の社会的スキルが明らかではない。

　ASD児に対するSST研究のレビューでは，ASD児の特有のスキル不全を明らかにすることが重要であることが指摘されている（Rao et al., 2008）。ASD児に特有な社会的スキルの状態が解明されれば，標的スキルの選択の際に参考になり，効果の向上にもつながるためである。

⑵ ASD児を対象としたSSTの介入効果を高める下記のような工夫を行い，
　　介入効果の検討を行うことが必要である。
　　①標的スキルを選定する際，行動分析を行う
　　②標的とされた社会的スキルに関する概念的理解を深める
　　③標的とした社会的スキルを行動リハーサルする機会を十分に設定する
　　④組織的かつ構造的に相互作用を促進する環境が設定された遊び場面を設
　　　定する

⑤訓練場面は，学校場面に似せたセッティングで行う

⑥プログラムの内容は日本の文化的背景に合わせたものがよい

⑦ペアレント・トレーニングなど，親を含めたプログラムを作成する

⑴，⑵の課題を検討するため，本研究では，ASD 児に特有な社会的スキルの状態を明らかにし，症例研究や介入研究を通して，ASD 児に効果があるSST プログラムを開発することを目的とした。

第2節　本研究の意義

本研究は，これまで，ASD 児・者への重要性が指摘されているにもかかわらず，日本では十分検討が行われていない行動療法を基礎としたSST に着目している。ASD 児へのSST の効果は，欧米においては研究が開始されているものの，より効果的なプログラムの確立には至っていない。そのため，日本においてASD 児へのSST が効果があるかどうか確認するだけでなく，より効果の高いSST のコンポーネントを明らかにしようとする試みが必要である。したがって，ASD 児・者に対する効果的なSST を確立するために，本研究は重要な意味を持つといえる。

第3節　本研究の構成

本研究の構成は，Figure 3-1の通りである。まず，第1章では，ASD の病態や診断基準の歴史的な変遷を紹介し，同時に心理療法について言及した。第2章では，ASD 児へのSST における問題点を整理するため，日本におけるASD 児へのSST と欧米でのASD 児へのSST についてのレビューを行った。第3章では，第1章，第2章で明らかとなった問題点から，本研究の目的を整理した。

第4章では，第3章で整理された通り，ASD 児特有の社会的スキルの状

態を明らかにすることを目的に調査研究を行う。第5章では，ASD児に効果的なSSTプログラムを開発することを目的に症例研究を行い，第6章では，小集団に実施し，開発されたプログラムの効果を検証する。第7章では，第4章から第6章までの結果を受けて，本研究において明らかにされた

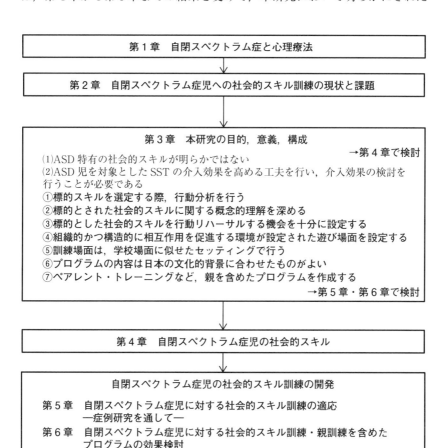

Figure 3-1　本書の概要

結果をまとめるともに，開発された ASD 児への SST の効果と今後の課題について総合的に考察する。

第4章 自閉スペクトラム症児の社会的スキル

第1節 問題と目的

　第1~第3章にかけて，ASD児の治療に用いられている治療法とその有効性，および社会的スキル欠如に対する治療が重要であることがわかった。さらに，ASD児の社会的スキルの特徴を把握することも重要である。

　最近の研究（Macintosh & Dissanayake, 2006）では，親評定・教師評定から，アスペルガー障害かまたは，高機能群の自閉性障害のいずれかを診断された児童は，健常群よりも，協調性，主張性，自己コントロールが有意に低いことが示された。自己評定からASD児は，平均して，社会的スキル（例，気分を管理すること，グループに入ること）や社会的コンピテンス（例，親しい友人関係の発展）において，健常群の平均よりも1SD低く評価していた（Knott, Dunlop, & McKay, 2006）。

　さらに，ASD児の社会的スキルの特徴に関する研究のみならず，ASD児の社会的スキルとメンタルヘルスの関連が強く示されている（Vickerstaff et al., 2007, Whitehouse et al., 2009, Ratcliffe et al., 2015）。Vickerstaffら（2007）の研究では，7~13歳の高機能ASD児22名を対象に調査した結果，年齢とIQの高さが自己評定の社会的コンピテンスの低さを予測し，自己評定の社会的コンピテンスの低さは高いレベルの抑うつ症状を予測することがわかった。Whitehouseら（2009）の研究において，思春期のアスペルガー障害と診断された35名と健常群35名を対象に調査を行ったところ，健常群と比較してアスペルガー障害群の方が高い孤独感と抑うつ症状を示し，友情関係の質の低さと関連していた。しかしながら，これらの研究では，サンプル数が少ない

ことが問題として挙げられた。そこで，Ratcliffe ら（2015）の研究では，6
歳～13歳の ASD の疑いのある292名を対象に調査を行ったところ，メンタ
ルヘルスの悪さと社会的スキルの乏しさが関連していることが明らかとなっ
た。これらの結果から，ASD 児の社会的スキルとメンタルヘルスに関連性
があると考えられる。本邦では，中西・石川（2014）は，自閉性特性の高い
中学生は，引っ込み思案であり，攻撃行動が高いことを明らかにした。さら
に，自閉性特性が高い中学生16名とその他の生徒16名の社会的スキルを比較
したところ，ストレス反応や孤独感に関する得点は有意に高いことが示され
たが，社会的スキルには得点の有意差はなかった。中西・石川（2014）の研
究では，自閉性特性を連続性で測定しており，臨床群と比較していない。
Ratcliffe ら（2015）の研究においても，サンプル数を確保したものの，臨床
群でないことを問題として挙げている。本邦において，診断のある ASD 児
を対象とした追試的研究が必要である。

　本邦では，健常群における社会的スキルとストレス反応，学校不適応感の
関連については，明らかにされてきた（嶋田，1998）。特に，自分から友だち
の仲間に入れないといったような関係参加行動が著しく低い生徒は，強いス
トレス反応を表出したり（戸ヶ崎ら，1997），学校不適応感が高いことが報告
されている（戸ヶ崎ら，1995）。しかしながら，社会的スキルのまずさを抱え
ているとされる ASD を含めて検討しているものは少ない（堀野，2009）。

　ASD 児の社会的スキルの特徴やストレス反応，学校不適応感の特徴が明
らかになることによって，社会的スキル訓練でどのようなスキルを標的とす
るか，さらには，健常群の中に含まれる ASD 児の臨床像の理解に役立ち今
後の ASD 児の社会的適応を目指した社会的スキル支援に役立つと考えられ
る。

第2節　方　　法

第1項　対　　象

⑴健　常　群

　1学年3クラスある公立中学校にて全クラス対象に調査を行った。学級担任が個人情報の扱いについて，生徒に説明をし，質問紙を配布し，回収した。299名の生徒を調査対象とし，記入もれのない258名（1年男子42名，1年女子55名，2年男子44名，2年女子45名，3年男子31名，3年女子41名）の回答を分析対象とした。通常学級に通う生徒のうち，6.5％に何らかの発達障害を有している可能性が指摘されているが（文部科学省，2012），本研究では，長期欠席を除いた通常学級生徒を操作的に健常群とした。実施時期は，2009年9月～11月であった。

⑵臨　床　群

　大学附属病院小児科に通院する ASD の診断を受けた中学生24名（1年男子11名，1年女子2名，2年男子5名，2年女子1名，3年男子2名，3年女子3名）。包含基準は，① ASD の診断がある，②知能指数（Intelligence Quotient: IQ）70以上であるか，もしくは，通常学級に在籍している，③中学校入学後に登校経験がある児童であった。ASD の診断は，小児神経科医2名により，精神障害の診断と統計マニュアル（DSM-5; APA, 2013）に基づいて診断した。包含基準にあてはまる児童の親に対し，研究の内容，主旨を文書および口頭で説明し同意を得た。なお，本研究は，獨協医科大学埼玉医療センター生命倫理委員会の承認を得て実施した。臨床群の属性は，Table 4-1に記載した。実施時期は，2010年2月～2012年8月であった。

Table 4-1　臨床群の属性（n =24）

	平均値（標準偏差）
年齢	13.03（1.06）
性別（男：女比）	3：1
IQ	
FIQ	94.17（13.99）
VIQ	97.08（14.61）
PIQ	93.70（16.38）
	n（%）
投薬	
MPD	1（0.04）
RIS	1（0.04）
ELP	1（0.04）
CMP	1（0.04）
STL	2（0.08）
None	18（0.75）
登校状況	
教室登校	15（0.63）
うち週1日教室登校	1（0.04）
別室登校	3（0.13）
不登校	6（0.25）

MPD: methylphenidate, RIS: risperidone, ELP: ethyl loflazepate,
CMP: carbamazepine, STL: sertraline

第2項　調査方法

⑴中学生版メンタルヘルス・チェックリスト簡易版（岡安・高山, 1999）

　ストレス反応，学校ストレッサー，ソーシャルサポートの3領域から構成される尺度である。本研究では，ストレス反応を測定する16項目を使用し

た。1（全くあてはまらない）〜4（非常にあてはまる）の 4 件法で，下位尺度
は，「不機嫌・怒り」，「抑うつ・不安」，「無気力」，「身体反応」の 4 因子構
造である。

⑵中学生版学校不適応感尺度 （松元，2000）

　学校不適感を測定することを目的に開発された尺度で，25 項目からなり，
1（全くあてはまらない）〜4（とてもよくあてはまる）の 4 件法である。下位尺
度は，「友人との関係」，「部活動」，「教師との関係」「勉強」の 4 因子であ
る。

⑶中学生用ソーシャル・スキル尺度 （戸ヶ崎ら，1997）

　ソーシャル・スキルを測定することを目的に開発された尺度で，25 項目か
らなり，1（全然そうではない）〜4（いつもそうだ）の 4 件法の自己報告であ
る。下位尺度は，「関係参加行動」，「関係向上行動」，「関係維持行動」の 3
因子である。

第 3 項　解析方法

　小林ら（2013）の先行研究によると，ソーシャル・スキルに性差が報告さ
れていることから，ソーシャル・スキル，ストレス反応，学校不適応感につ
いて，各尺度合計得点，各尺度下位尺度得点，各項目をそれぞれ従属変数，
群と性別を独立変数とした 2 要因の分散分析を行った。主効果が有意な場
合，Tukey 法を用いて多重比較を行った。ソーシャル・スキルパターンの
検討に関しては，k-means 法による Q モードのクラスター分析を行った。
ASD 群と健常群の人数比を比べるために，χ^2 検定を行い，有意差が認めら
れた場合に，残差分析を行った。なお，分析には，SPSS ver.17.0 を用いた。

34

第3節　結　果

第1項　ASD のストレス反応，学校不適応感，ソーシャル・スキルの特徴

　2 要因（群，性別）の分散分析を行った結果（Table 4-2），ストレス反応下位尺度「身体反応」「抑うつ・不安」「不機嫌・怒り」「無気力」，「ストレス

Table 4-2　ストレス反応尺度，学校不適応感尺度，

	健常群		臨床群	
	男 (n =117)	女 (n =141)	男 (n =18)	女 (n =6)
身体反応	3.83　(2.74)	4.49　(2.95)	4.89　(3.07)	7.00　(4.24)
抑うつ・不安	1.73　(2.64)	2.68　(3.15)	2.75　(3.19)	5.83　(5.00)
不機嫌・怒り	5.97　(5.14)	6.33　(4.95)	7.09　(5.61)	13.00　(5.69)
無気力	3.91　(2.95)	4.23　(2.77)	4.39　(3.15)	6.83　(4.26)
ストレス反応合計	12.79　(9.62)	14.82　(9.82)	15.53　(9.28)	27.00　(14.46)
友人との関係	13.34　(4.33)	13.33　(4.33)	16.97　(7.35)	20.33　(5.35)
部活動	7.87　(2.91)	7.62　(3.06)	9.59　(3.91)	9.50　(3.21)
教師との関係	6.77　(2.70)	6.53　(2.29)	6.86　(2.67)	8.00　(2.61)
勉強	8.62　(2.47)	9.51　(2.62)	9.36　(3.37)	11.67　(2.58)
学校不適応感合計	36.59　(7.93)	36.99　(8.94)	43.38　(13.39)	49.50　(9.09)
関係参加行動	27.85　(3.91)	28.13　(4.34)	26.04　(0.93)	15.60　(9.45)
関係向上行動	28.84　(4.87)	31.19　(4.41)	26.04　(5.59)	29.33　(5.92)
関係維持行動	23.02　(3.40)	24.00　(3.08)	23.32　(3.05)	24.42　(4.13)
社会的スキル合計	79.70　(8.50)	83.32　(7.54)	71.77　(12.10)	71.42　(14.24)

反応合計」，学校不適応感下位尺度「友人との関係」「部活動」「勉強」，「学校不適応感合計」，ソーシャル・スキル下位尺度「関係参加行動」「関係向上行動」，「ソーシャル・スキル合計得点」において，群の主効果が有意であった。多重比較を行った結果，ストレス反応下位尺度「身体反応（$p<0.05$）」「抑うつ・不安（$p<0.01$）」「不機嫌・怒り（$p<0.01$）」「無気力（$p<0.05$）」，「ストレス反応合計（$p<0.01$）」，学校不適応感下位尺度「友人との関係（$p<0.001$）」「部活動（$p<0.05$）」「勉強（$p<0.05$）」，「学校不適応感合計（$p<0.001$）」は健常群より ASD 群の方が有意に高く，ソーシャル・スキル下位尺度「関

社会的スキル尺度の記述統計量と分散分析結果

| | | 主効果 | |
群	性別	交互作用	多重比較
	F 値（$df=3,278$）		
6.34 *	3.81 n.s.	1.06 n.s.	健常群＜臨床群
8.18 **	7.61 **	2.11 n.s.	健常群＜臨床群，男＜女
9.85 **	6.38 *	5.02 *	女：健常群＜臨床群，臨床群：男＜女
4.75 *	3.80 n.s.	2.25 n.s.	健常群＜臨床群
9.73 **	7.96 **	3.89 *	女：健常群＜臨床群，臨床群：男＜女
22.54 ***	2.25 n.s.	2.28 n.s.	健常群＜臨床群
5.81 *	0.05 n.s.	0.01 n.s.	健常群＜臨床群
3.19 n.s.	0.61 n.s.	0.40 n.s.	
5.19 *	6.32 *	1.22 n.s.	健常群＜臨床群，男＜女
19.84 ***	2.26 n.s.	1.74 n.s.	健常群＜臨床群
52.20 ***	4.11 *	5.19 *	男：臨床群＜健常群，女：臨床群＜健常群，臨床群：女＜男
4.12 *	6.06 *	0.17 n.s.	臨床群＜健常群，男＜女
0.21 n.s.	1.74 n.s.	0.01 n.s.	
23.18 ***	0.63 n.s.	0.92 n.s.	臨床群＜健常群

平均値（標準偏差），$^*p<0.05$，$^{**}p<0.01$，$^{***}p<0.001$，n.s.：not significant

係参加行動（$p<0.001$）」「関係向上行動（$p<0.05$）」，「ソーシャル・スキル合計得点（$p<0.001$）」は，健常群より ASD 群の方が有意に低かった。

ストレス反応下位尺度「抑うつ・不安（$p<0.01$）」「不機嫌・怒り（$p<0.05$）」，「ストレス反応合計（$p<0.01$）」，学校不適応感下位尺度「勉強（$p<0.05$）」，ソーシャル・スキル下位尺度「関係参加行動（$p<0.05$）」「関係向上行動（$p<0.05$）」において，性別の主効果が有意であり，Tukey 法を用いて多重比較を行った結果，男性より女性の方が有意に高かった。

ストレス反応下位尺度得点「不機嫌・怒り」，「ストレス反応合計」，ソーシャル・スキル下位尺度「関係参加行動」において，交互作用が有意であった（いずれも $p<0.05$）。そこで，下位検定を行った結果，「不機嫌・怒り」「ストレス反応合計」では，臨床群の中で，男性より女性の方が有意に高く（どちらも $p<0.05$），女性の中で健常群より臨床群の方が有意に高かった（どちらも $p<0.01$）。「関係参加行動」では，男性，女性の中で，臨床群より健常群の方が有意に高く（$p<0.001$），臨床群の中で，男性より女性の方が有意に低かった（$p<0.05$）。

第2項　ソーシャル・スキルパターンの検討と人数比

ソーシャル・スキルパターンを検討するために，クラスター分析を行ったところ，4 クラスターが妥当であると考えられた（Figure 4-1）。第 1 クラスターは，「自分から友達の仲間に入れない」「友達に話しかけられない」という逆転項目を含む関係参加行動，「困った友達を助けてあげる」「友達の話をおもしろそうに聞く」「友達の意見に反対するときには，きちんとその理由を言う」という項目を含む関係向上行動，「友達をおどかしたり，友達にいばったりする」，「自分に乱暴な話し方をする」といった逆転項目を含む関係維持行動が全て低いため，「低スキル型」と解釈した。第 2 クラスターは，関係向上行動，関係維持行動が低いが，関係参加行動が平均的であることが特徴的であるため，「関係継続スキル低型」，第 3 クラスターは，関係参加行

第 4 章　自閉スペクトラム症児の社会的スキル　37

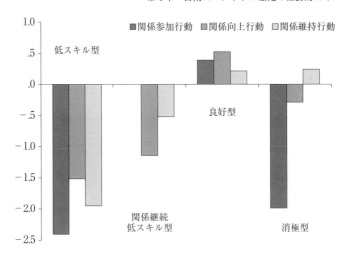

Figure 4-1　クラスター分析の結果

動，関係向上行動，関係維持行動が全て高いため「良好型」，第 4 クラスターは，関係参加行動が低いのが特徴的であるため「消極型」と解釈した。4 つのクラスターについて臨床群と健常群別に人数を算出し（Table 4-3），χ^2検定を行った結果，有意差が認められた（$\chi^2(3)=44.92$, $p<0.001$）。そこ

Table 4-3　クラスターごとの人数分布

全体	低スキル型	関係継続低スキル型	良好型	消極型
人数	5	68	180	29
%	1.8	24.1	63.8	10.3
健常群				
人数	3	63	174	18
%	1.2	24.4	67.4	7.0
臨床群				
人数	2	5	6	11
%	8.3	20.8	25.0	45.8

Table 4-4　クラスターごとの記述統計量

	低スキル型	関係継続 低スキル型	良好型	消極型
関係参加行動	15.60　(6.80)	27.42　(3.09)	29.33　(2.89)	17.66　(3.52)
関係向上行動	22.40　(5.51)	24.24　(3.56)	32.40　(3.08)	28.44　(4.12)
関係維持行動	17.20　(1.30)	21.87　(3.09)	24.24　(3.02)	24.34　(2.68)

平均値（標準偏差）

で，残差分析を行ったところ，「低スキル型」「消極型」には，臨床群が有意に多く（$p<0.05$, $p<0.01$），「良好型」には健常群が有意に多いことがわかった（$p<0.01$）。「関係継続低スキル型」においては，臨床群と健常群の人数に有意差が認められなかった。なお，各クラスターのソーシャル・スキル下位因子得点は，Table 4-4に示した。

第3項　臨床群における教室登校と別室登校におけるソーシャル・スキルの相違

　臨床群における学校登校の状況は，教室登校15名（うち週1日教室登校1名を含む），別室登校3名，不登校6名であった（Table 2-1参照）。学校登校の状況は，学校での適応状態を示すため，事後分析として，全日学校登校群とその他の不定期登校群（教室週1日，相談室登校，不登校）とし，ストレス反応尺度，学校不適応感尺度，ソーシャル・スキル尺度とそれぞれの下位尺度ごとに違いがあるかどうか検討した。群を独立変数とし，ストレス反応合計得点と各下位尺度得点，学校不適応感合計得点と各下位尺度得点，ソーシャル・スキル合計得点と各下位尺度得点をそれぞれ従属変数とする t 検定を行ったところ，ストレス反応下位尺度である身体反応，不機嫌・怒り，ソーシャル・スキル下位尺度である関係維持行動において，教室登校群より不定期登校群の方が有意に高かった（いずれも $p<0.05$, Table 4-5）。

Table 4-5 教室登校群と不定期登校群におけるストレス反応尺度，学校不適応感尺度，社会的スキル尺度の記述統計量と t 検定結果

| | 臨床群（$n=24$） | | | |
| | 教室登校 | 不定期登校 | | |
	（$n=14$）	（$n=10$）	t 値（$df=22$）	
身体反応	4.14（ 2.48）	7.20（ 3.88）	-2.19 *	教室＜不定期
抑うつ・不安	2.54（ 3.38）	4.90（ 4.20）	$-1.52 n.s.$	
不機嫌・怒り	6.33（ 5.87）	11.70（ 5.14）	-2.32 *	教室＜不定期
無気力	4.43（ 3.18）	5.80（ 3.99）	$-0.93 n.s.$	
ストレス反応合計	14.54（ 8.84）	23.80（13.27）	$-2.06 n.s.$	
友人との関係	18.74（ 8.31）	16.50（ 4.53）	$0.85 n.s.$	
部活動	8.76（ 3.80）	10.70（ 3.37）	$-1.32 n.s.$	
教師との関係	7.88（ 2.79）	7.21（ 2.04）	$0.64 n.s.$	
勉強	9.04（ 3.35）	11.20（ 2.94）	$-1.64 n.s.$	
学校不適応感合計	44.41（14.43）	45.61（10.10）	$-0.23 n.s.$	
関係参加行動	20.96（ 7.96）	21.60（ 7.67）	$-0.20 n.s.$	
関係向上行動	26.71（ 4.94）	27.08（ 6.97）	$-0.15 n.s.$	
関係維持行動	22.44（ 3.28）	25.21（ 2.67）	-2.20 *	教室＜不定期
社会的スキル合計	70.11（14.31）	73.88（ 9.18）	$-0.73 n.s.$	

平均値（標準偏差），$*p<0.05$，$**p<0.01$，$***p<0.001$，$n.s.$：not significant

第4節 考 察

本研究の目的は，ASD群と健常群の社会的スキルの相違を明らかにすることであった。ストレス反応，学校不適応は，ASDと診断されている中学生の方が健常群よりも高く，社会的スキルは低いことが明らかとなった。この結果は，ASD児もしくはASD傾向のある児童は，健常群と比較すると，社会的スキルが乏しく，メンタルヘルスの悪さを抱えているとされている先

行研究と一貫した結果であった（Vickerstaff et al., 2007, Whitehouse et al., 2009, Ratcliffe et al., 2015）。ASD の女子において過剰なストレス反応があるという結果であったが，人数が少なかったことから慎重な解釈が必要である。しかしながら，ストレス反応合計，学校不適応感合計の得点が最も高いため，ASD の女児に対しての精神的ケアの重要性が示唆された。学校不適応感では，教師との関係のみ臨床群と健常群の差が見られなかった。このことは，ASD 児は友達や部活，勉強に対する不適応感は感じているものの，教師との関係においては，不適応感を感じておらず，大人との関係よりも，同年代との関係の築き方を注意して観察する必要がある。「友達をおどかしたり，友達にいばったりする」，「自分に乱暴な話し方をする」といった行動には臨床群，健常群との差が見られなかったことから，友達に対し高圧的な態度をとっていたり，乱暴さが見られる児童・生徒の中に ASD 児が多いのではないことが明らかとなった。

　本研究では，ソーシャルスキル・パターンと ASD 群と健常群の人数比を検討した。「低スキル型」「消極型」に，臨床群が有意に多く，「良好型」に健常群が有意に多く，「関係継続低スキル型」においては，臨床群と健常群の人数に有意差が認められなかった。関係に参加したり，維持したり，向上させたりする社会的スキルのバランスが良い児童・生徒の中には ASD 児は少なく，自ら話しかけたりしない児童生徒の中に ASD 児が多く含まれる。375名の中学生を対象とした社会的スキルと学校ストレスの研究を行った研究（戸ヶ崎, 1997）では，すべての行動の得点が高い「Well-Balance 群：WB 群」，関係維持行動が低い「Low Maintenance 群：LM 群」，関係向上行動が著しく低い「Low Development 群：LD」，関係参加行動が著しく低い「Low Participation 群：LP 群」が抽出され，LP 群が他の群に比べて，ストレス反応下位項目，合計得点が有意に低いことが明らかとなった。本研究では，「Well-Balance 群：WB 群」が，「良好型」，「Low Participation 群：LP 群」が「消極型」に近いと考えられる。その研究において，「Low

Participation 群：LP 群」は，友人関係や学業への不適応感が強く，ストレス反応が非常に高いことが報告された（戸ヶ崎ら，1997）。本研究においても関係参加行動が著しく低い「消極型」が抽出され，その中に ASD 児が健常児よりも多く存在することが本研究により明らかとなった。戸ヶ崎ら（1997）の研究では，関係参加行動が著しく低い生徒は，他者と社会的関係を持つことができずに，孤立してしまった結果，友人関係に対するストレスが高いと考察されている。本研究の結果から，社会的スキルの把握のみならず，児童・生徒の発達的特徴についてもアセスメントすることが有効な支援につながると考えられる。一方で，自ら参加していこうとするスキルが低い児童・生徒の中に，不安や抑うつが高い児童・生徒も存在し（髙橋ら，2010），自閉症と不安障害の高い合併率からも（van Steensel et al., 2011），関係参加スキルが低い児童の中には，不安症状やうつ症状による影響で本来のスキルが発揮できない場合もあるため，不安やうつの理解，ASD との合併についてのアセスメントや支援が必要である。

　また，追加分析を行った結果，身体反応，不機嫌・怒り，関係維持行動において，教室登校群より不定期登校群の方が有意に高かった。中学生を対象とした曽山ら（2004）の研究によると，登校群と不登校群を比較した結果，セルフエスティーム，ストレス反応に有意差はなく，関係参加行動にあたる友人との関係づくりスキルが有意に低かったことが報告されている。本研究においてストレス反応に登校群，不登校群に有意差がみられた点は，曽山ら（2004）と異なる結果であった。曽山ら（2004）の研究では，ASD の診断の有無による群わけではなかったため，ASD を有し安定した教室登校ができない児童・生徒は，よりストレス反応を抱えているのかもしれない。教室登校ができる児童より，関係維持スキルが高くでた結果については，関係維持スキルの下位項目が「友達をおどかしたり，友達にいばったりする」，「自分に乱暴な話し方をする」であり，反転項目であることから，乱暴さや威圧的な態度をとることが非常に少ない状態であると考えられる。ストレス反応が

高い状態であることから，本来の社会的スキルが発揮できるような状態でない可能性も視野にいれ，慎重な解釈が必要である。

　本研究の結果から，中学生の ASD 児の社会的スキルでは，特に関係参加行動を高める SST が必要であると考えられる。発達的リスクのある幼児に対して SST を行った野口ら（2004）は，友達との遊び仲間に入った後に楽しく遊びを継続させるスキルをトレーニングのターゲットにするのが望ましいとしている。先行研究から，より低年齢では，関係参加行動に加えて「関係に参加させてくれそうな環境を作るためのスキル（上手な話の聞き方や援助的な言葉かけ等）」や「関係参加した後の維持するスキル（主張スキル等）」も重要となると考えられる。中学生の ASD 児への SST についても検討が必要である。

　最後に，本研究の限界点について述べる。本研究の対象は，ASD の診断のない不登校群が含まれておらず，登校状態が交絡要因となる可能性がある。教室登校状態が維持できている ASD の診断のある生徒のサンプル数を増やし，更なる検討が必要である。また，ASD を持つ生徒には，自己の行動を客観的に評価することが十分にできない可能性が指摘されている。このため，今後，調査方法の検討や，妥当性を確かめるための手続きが必要である。

　ASD 児の社会的スキルの特徴を明らかにすることによって，SST でどのようなスキルを標的とするかについての情報を提供したという点で本研究は有意義である。また，SST のみならず，学校場面における健常群の中に含まれる ASD 児の臨床像に関する情報提供ができたことも，ASD の児童・生徒の理解，社会的適応を目指した社会的スキル支援に役立つと考えられる。

第5章　自閉スペクトラム症児に対する
社会的スキル訓練の適応
―症例研究を通して―

第1節　問題と目的

　ASD の治療法として，応用行動分析は効果的で広く用いられている
(National Institute of Mental Health: NIMH, 2004)。また，これまで，発達障害児
が在籍する学校での応用行動分析を用いた介入研究やその研究のレビューが
多く行われている（Dymond et al., 2000; 道城ら，2008）。応用行動分析において
は，機能的アセスメントを用いて社会的な機能を査定することができ，機能
的アセスメントを行った臨床研究の大半において，問題行動と機能的に等価
な代替行動として，社会的スキルやコミュニケーションスキルの訓練が実施
されている（Ervin et al., 2001）。このことから，機能的アセスメントを行った
上での SST が効果的かもしれない。

　現在，ASD 児に対する学校ベースの SST 介入についてのメタ分析を行っ
た研究の結果（Bellini et al., 2007）では，維持効果は中程度であったのに対し，
治療効果，般化効果は低いことが明らかとなっている。SST におけるター
ゲットスキルの般化の促進について，佐藤ら（1998）は，健常児を対象とし
た SST 研究において，日常生活への般化と維持を可能にするためには，標
的とされた社会的スキルに関する概念的理解を深めること，標的とした社会
的スキルを行動リハーサルする機会を十分に設定すること，訓練段階から仲
間を参加させること，組織的かつ構造的に相互作用を促進する環境が設定さ
れた遊びをすることが必要であるとしている。ASD 児は，情緒的な体験を

分かち合うこと，他人の視点を理解することの困難を抱えているため（Gutstein & Whitney, 2002），標的とされた社会的スキルに関する概念的理解を深めることを工夫し，標的とした社会的スキルを行動リハーサルする機会を十分に設定する工夫が必要であると考えられる。

　以上の点をふまえ，本研究では，仲間との関係がうまくもてない通常学級に在籍する ASD 児を対象に，下記の要素を取り入れた SST を実施し，その般化効果・維持効果を検討することを目的とした。それは，① SST を行う前に，機能的アセスメントから代替行動を特定し，その代替行動を標的スキルとする，②標的スキルに関する概念的理解を深めるために，ASD の特性に合わせた教示を行う，③標的スキルを行動リハーサルする機会を十分に設定するために保護者とリハーサルをする機会を取り入れたホームワーク（以下，HW とする）を課すことであった。

第2節　方　　法

第1項　対象児の概要

⑴対象児

　対象児は，公立小学校の通常学級，5 学年に在籍する自閉性障害と診断された A 児（男児）である。「友だちとうまくかかわれずに，1 人でいることが多い」，「クラスメイトを叩く」ことを主訴として，小学校のスクールカウンセラー（以下 Sc とする）である第一筆者に，母親から申し込みがあり，X 年 7 月 3 日に母親と面接を行った。相談室での個人情報の管理について来談初日に母親に対して書面にて説明し，論文投稿も含めた情報の開示について母親から同意を得た。介入終了後に，再度，母親に結果公開について，口頭で同意を得た。

(2)問題の経緯

　幼児期に言葉の遅れを指摘され，地域の発達支援センターに通園していた。小学校入学後，友だちとうまく遊べずにクラスメイトを叩いてしまうことを担任に指摘された。3年生の終わり頃になると，「友だちにいじめられる」と母親に訴えることが見られ，放課後に友だちと遊ぶことが全くなくなった。4年生時も放課後，友だちと遊びに行くことは全くなかった。この頃，地域の教育センターに来所し，医師から自閉性障害の診断をうけている。その後，月に1～2回，同センターにてA児は相談員と面接を行っている。5年生になり，3，4年時に比べてトラブルは徐々に減ってきているものの，友だちとのかかわりはほとんどない状態は続いていた。母親からの報告によれば，学校から帰ってきて表情が険しかったり，帰ってきて家のトイレに閉じこもって出てこなくなったり，朝に登校をしぶるなどがあるとのことであった。母親は，この状態が続くと不登校になるのではないかと感じ，現在，スクール・カウンセリング以外の相談機関に通っている。そこでは，A児に対して話や遊びを中心とした大人とのかかわりが行われているが，このような支援からは，同年代とのコミュニケーションが向上しないのではないかと思い，Scへ相談するに至った。

(3)アセスメント

(1) A児の学校での様子についての現担任からの情報

　授業中，次の行動に移るのが遅く，また，よく物を紛失することがある。しかし，授業を妨害するといったような大きな問題は見られない。休み時間は一人で過ごすことが多いが，たまに，指で友だちをつつき，ちょっかいを出すこともあり，クラスメイトから距離をおかれてしまうときがある。担任教員は，「A児の他児にかかわりたいと思う気持ちが相手にうまく伝わっていない」と感じていた。A児はお腹を壊しやすいため，上のシャツをズボンの中に入れているが，そのような様子に対してクラスメイトが面白がって

指摘することが続くと,「からかわれた」と怒って,相手を叩くことがある。また,A児は友だちの靴を隠し,知らないような素振りをすることがたびたびあった。このように,A児は他児にかかわりたいという気持ちをもっていそうであるが,うまくかかわれていない。さらに,クラスメイトから何かを指摘されたり,行動をせかされることが重なると,A児は相手を叩いたりトイレに閉じこもったりすることがある。

(2)行動観察からの情報

初回面接を終えた後,その日の給食時間から昼休みにかけて,教室でのA児の行動を観察した。A児は放送委員会に所属しており,お昼の放送の時間は毎日放送室に出かけていた。そのため,クラスメイトよりも早く給食を取っていた。A児は,色黒でややぽっちゃりしており,表情は硬く,もくもくと給食を食べており,クラスメイトが声をかけても返事はしなかった。自ら話しかけることもなく,時間になると放送室へ出かけていった。これらのことから,クラスメイトはA児にある程度の関心を持っており,定期的に話しかけている様子が窺えた。一方で,A児は話しかけられたことに反応することはなく,相互作用が続くことはほとんどないと推察された。これらの情報は,現担任からの報告と一致していた。

(3)質問紙による査定

対象児童の社会的スキルを評価するために,担任教師に「教師による社会的スキル尺度(磯辺ら,2006)」の評定を求めた。この尺度は,社会的スキル領域として,「働きかけ」,「学業」,「自己コントロール」,「仲間強化」,「規律性」の5因子40項目から構成されている。担任教師の評価では,「働きかけ」18点,「学業」21点,「自己コントロール」10点,「仲間強化」11点,「規律性」15点,「総得点」75点であり,磯部ら(2006)の5年生平均と比較すると(Table 5-1),「働きかけ」,「自己コントロール」,「仲間強化」,「総得

第5章 自閉スペクトラム症児に対する社会的スキル訓練の適応 47

Table 5-1 教師評定による A の社会的スキル得点

	Pre-training	Post-training	Follow-up	磯部ら (2006) の Mean (*SD*)
Social skills				
働きかけ	18	20	22	21.92 (4.74)
学業	21	23	23	19.38 (4.42)
自己コントロール	10	15	15	11.90 (3.16)
仲間強化	11	15	16	15.02 (3.63)
規律性	15	16	18	14.71 (2.59)
Total	75	89	94	81.75 (16.32)

Note. *SD* = standard deviation. Mean scores showed in Isobe et al. (2006).

点」は，平均点より低く，特に，「仲間強化」においては，平均点より1 SD 低いことが明らかとなった。さらに，SST 介入が終わった1ヶ月後に同尺度を用いて査定した。

⑷機能的アセスメントと介入方針

　教師による社会的スキル尺度の結果から，クラスメイトをほめたり，好意的なことばをかけるといった社会的スキルは低い傾向にあると考えられた。行動観察からは，クラスメイトから働きかけられた際に反応することがなく，また，自ら話しかけることはほとんどないため，やりとりが続くことがほとんどないと考えられた。そのため，A 児とクラスメイトとの相互作用の遮断化が生まれ（確立操作），クラスメイトは A 児が近くにいる状況で（先行刺激），話しかけても（行動），A 児の反応が得られず（結果事象），その後，ちょっかいを出し続けたり，ひやかし続けると（行動），A 児が嫌がったり，怒りだすなど，A 児が反応する（結果事象）ことがクラスメイトにとって，正の強化子として機能しているのではないかと考えられた。そこで，A 児がクラスメイトからの話しかけに早期に反応するスキルを獲得することがで

きれば，結果事象を変化させ，クラスメイトからのちょっかいやひやかしの言葉が過度にならず，A児が怒る行動も減るのではないかと考えられた。そこで，反応するスキルとして，あいづちをうつために「上手な聞き方」，あいづちのレパートリーを増やすために「共感する」を標的とした。A児もクラスメイトをつつく行動があり，これが，クラスメイトが隣にいる（先行刺激）状況で，A児がクラスメイトをつつき（行動），注目を得ている（結果事象）と想定した場合，A児も同様に，クラスメイトとの遮断化が生じていると考えられた。そこで，A児がクラスメイトをつつく行動の代替行動として，話に入るなどのエントリースキルを獲得し，加えて，クラスメイトとのやりとりを続けるスキルを身につけることができれば，遮断化のもとで，適切な行動が維持されるのではないかと考えられた。そのため，「あたたかい言葉かけ」，「やさしい頼み方」，「上手な断り方」を実施した上で，エントリースキルとして，「会話への入り方」を行い，会話の継続につなげるための「会話の維持のしかた」を標的スキルとすることとした。また，母親や担任教諭は，A児がクラスメイトを叩くことを一番の問題と捉えていたため，怒りに焦点を当てた感情のコントロールや，困ったときに対処できるように問題解決スキルも標的スキルとした。

第2項　訓練場面

　訓練は，小学校の教育相談室で1ヶ月に2回，1回50分間行われた。セッションは，第一筆者が実施者となって，行われた。A児からみて，右側にカーテンをした窓，前に黒板，左にパーテーションが見えるように机を配置して，刺激を統制した上で，実施者とA児が向かい合って座れるように机を配置した。母親は，対象児の視界に入らない場所（対象児の後ろ側）からSSTを観察した。また，黒板には実施する内容を順番どおりに記入した（例：1アンケート，2自己紹介等）。なお，SST介入の標的スキルとスケジュール，ホームワーク（以下，HWとする）についてはTable 5-2に示した。

第5章　自閉スペクトラム症児に対する社会的スキル訓練の適応　49

Table 5-2　SST のスケジュール

	Target skills	Subject	Parent	Home work（HW）
インテーク （X 年 7 月 3 日）		教室での行動観察	問題の把握（発達，社会的スキル）	
＃1 （X 年 9 月 4 日）	自己紹介	・SST の説明 ・自己紹介 ・アセスメント ・ふりかえり	・SST の説明	
＃2 （X 年 9 月18日）	上手な聞き方	・上手な聞き方 ・HW の説明 ・ふりかえり	・SST の観察 ・HW の説明	保護者に30秒間話しをしてもらい，A 児がリハーサルを行う。
＃3 （X 年10月 2 日）	共感する	・気持ちをわかって働きかける（共感する） ・HW の説明 ・ふりかえり	・SST の観察 ・HW の説明	保護者に30秒間，「楽しかったこと」「ショックだったこと」などの話題をしてもらう。
＃4 （X 年10月16日）	あたたかい言葉かけ	・あたたかい言葉かけ ・HW の説明 ・ふりかえり	・SST の観察 ・HW の説明	カードをひき，カードのシナリオに沿って，元気がない友だち役を保護者が行う。
＃5 （X 年11月 6 日）	やさしい頼み方	・やさしい頼み方 ・HW の説明 ・ふりかえり	・SST の観察 ・HW の説明 ・ふりかえり	カードをひき，カードのシナリオに沿って，頼まれる役を保護者が行う。
＃6 （X 年11月20日）	上手な断り方	・上手な断り方 ・HW の説明 ・ふりかえり	・SST の観察 ・HW の説明 ・ふりかえり	カードをひき，カードのシナリオに沿って，保護者が誘う役を行う。
＃7 （X 年12月 4 日）	会話の入り方	・会話の入り方 ・HW の説明 ・ふりかえり	・SST の観察 ・HW の説明 ・ふりかえり	カードをひき，カードのシナリオに沿って，話しをしている友だち役を保護者が行う。
＃8 （X 年12月18日）	会話の維持のしかた	・会話の維持のしかた ・HW の説明 ・ふりかえり	・SST の観察 ・HW の説明 ・ふりかえり	カードをひき，カードのシナリオに沿って，話をしている友だち役を保護者が行う。
＃9 （X＋1 年 1 月 9 日）	感情コントロール	・感情コントロール ・HW の説明 ・ふりかえり	・SST の観察 ・HW の説明 ・ふりかえり	カードをひき，カードのシナリオに沿って，ちょっかいを出す役を保護者が行う。
＃10 （X＋1 年 1 月22日）	問題解決	・問題解決 ・HW の説明 ・ふりかえり	・SST の観察 ・HW の説明 ・ふりかえり	カードの内容に対して，困りごと解決シートを使って，保護者と一緒に考える。
フォローアップ （X＋1 年 3 月 5 日）		・ゲーム ・ふりかえり	・ゲーム ・ふりかえり	

第3項　訓練手続き

　各セッションの訓練手続きは以下の流れで行われた。①問題場面の提示：A児が学校場面で遭遇しやすい，困った場面を想定し提示する。提示された場面で，どのような不都合が生じるかを，ワークシートを用いて対象児と実施者が一緒に話し合う。②教示：①で示した場面の提示を通して，仲間に対してどのような働きかけをするとメリットがあるのかについて話し合う。③モデル提示：適切なモデルと不適切なモデルを実施者が提示し，どちらがよかったかを話し合い，違いを考え，標的スキルに含まれる具体的な行動を「ポイント」という言葉を使って整理する。④行動リハーサル・フィードバック・強化：対象児に適切なスキルを模倣させ，フィードバックと言語的強化を与える。⑤般化の促進：②～④で扱ったスキルが利用できるような他の場面にどのような言葉かけや振る舞いが必要か尋ね，ワークシートに記載する。その後，実施者と話し合いそれらの場面について練習する。⑥HW：練習したスキルに応じて，家で保護者と行動リハーサルを毎日行い，A児がポイントを守って実施できたかについて，保護者が△，○，◎でチェックする。さらに，「学校でできたかな」という欄を設け，A児に△，○，◎でチェックさせた。

第3節　結　　果

第1項　面接の経過と学校や家庭でのエピソード

　♯1（X年9月4日）では，A児と相談室で何を何のために行うかについて説明し，その後，自己紹介の訓練を行った。A児は，友だちがいて良かった時として，「ドッチボールをやるとき」とワークシートに記入し，友だちがもう少しいた方が楽しそうと答えた（Figure 5-1）。そして，相談室で，

第 5 章　自閉スペクトラム症児に対する社会的スキル訓練の適応　51

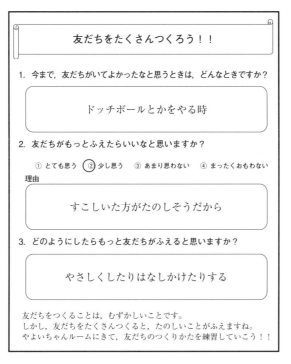

Figure 5-1　セッション 1 のワークシート

「友だちを今より少し増やして，今よりも楽しく学校生活を過ごす」ことを目的に練習をしていくことに同意が得られた。

＃2〜＃3では，クラスメイトの話しかけに反応するような「上手な聞き方」，「共感する」スキルの訓練を実施した。訓練手続き中は，実施者の質問にA児が答えたら，「ここに書いてみよう」と促し，ワークシートにA児が記載した。＃2では，問題場面として，「ゴン吉という猿が，やまびこがかえってこなかったらさみしいが，やまびこがかえってきたら嬉しい」というエピソードを用いた。問題場面の提示後，相手の気持ちについてA児は，答えられなかった。そこで，実施者が「相手の気持ちは，いい気持ちであるか，いやな気持ちであるか」とA児に尋ねたところ，「いやな気持ち」と答

えることができた。「いやな気持ち」の中で,「『そんなの無理じゃんとか怒ってる？』それとも,『そんなことできないよって落ち込んでる？』」と尋ねたところ,「落ち込んでいる」と答えることができた。このように,相手の気持ちを推察する際には,感情を快,不快の中から選び,それぞれの感情を細分化して回答を求める工夫を行った。しかし,比喩的なエピソードを用いたためか,A児の理解を困難にさせているように感じられた。＃3では,「共感するスキル」を標的とした。「共感するスキル」は,「上手な話の聞き方」を構成する行動と似通っており,あいづちのレパートリーを増やすことを目標とした。そのため,＃2の復習を行い,比喩的な表現を用いて,A児がわかりにくそうにしていた点を補足するために復習も行った。しかし,比喩的な表現はわかりにくそうであったため,＃4からは,問題場面の提示をA児が体験したことがあるような場面にした。

　＃4では,自ら働きかけるスキルの一つであり,クラスメイトから受け入れられやすい「あたたかい言葉かけ」を標的スキルとして訓練を行った。体育の授業でポートボールをした際に,たろう君がボールをキャッチできずに点数が入らず,クラスメイトから責められるという問題場面の提示を行った。これは,担当教員の情報から,A児は球技などがあまり得意ではなく,クラスメイトから責められることがあるということであったため,問題場面として設定した。たろう君の気持ちを答える際に,30秒ほど沈黙した後,「なんだかすっとしない気持ち,そんなこといわれたってあまりとくいじゃないんだよ」とワークシートに記載したため,「そうだね,たろうくんは,やろうとしていたのに,うまくできなかったのだから,そういう気持ちになるよね」と伝え,賞賛した。あたたかい言葉かけとして,A児はじっくり考え,「元気だせよ。今日はとれるよ。昨日はたまたまとれなかっただけだよ。」と記載したため,書けたことを賞賛し,リハーサルを行った。＃3のHWを確認したところ,「学校でできたかな」という欄に○が2つ,半分の○が3つほど記載されていたため,そのことについてA児に尋ねると,比

較的クラスメイトと話せた際に，できたことにしているようだった。

　＃5，6では，主張するためのスキルである「やさしい頼み方」，「上手な断り方」を標的スキルとして訓練を行った。＃5では，スキルに含まれる行動の整理として，「言葉のポイント（理由を言う，たのみ事を言う，気持ちを伝える）」と「行動のポイント（相手に聞こえる声で，聞こえる距離で，目をみて）」を分けた。＃6では，HWの「学校でできたかな」という欄に2週間の内，5回△が記載されていた。この欄は○を記載する欄であり，普段，空欄が多かったので，A児にきいてみると，友達と楽しく関われた日には，△を記載しているようであった。

　＃7では会話への入り方を行い，＃8では会話を続けるスキルを標的とした。これまで実施者は，SSTの内容は簡潔に担任教師に報告していたが，＃7後に担任教師の方から，A児がクラスの中で非常に変わってきたことが報告されたため，クラスメイトと担任教師にインタビュー調査を実施した。担任教師からは，「以前は表情が硬かったが，笑顔が増えた，友だちと関わる場面を多く見るようになった」との報告があった。クラスメイトへのインタビューは，実施者がA児のクラスに訪問した給食時間に行われた。A児が給食を食べ終え，教室を出て行くと，担任教師が「ねえねえ，みんな，最近のAくん，どう？」とクラス全体に尋ねた。すると，「とってもいい，冗談が通じるようになった」，「笑顔が増えた」，「4年の時は，たたかれたけど，今は，やめてといったらやめてくれるようになった」，「ちょっかいを出してもよくなった」，「相手にしてくれるようになった」，「話しやすくなった」とクラスメイトが口々に答えた。クラスメイトは，ためらった様子もなく，普段のことのように答えていたため，クラスの雰囲気は，思ったことを自由に話せる様子であった。＃7後のX年12月8日の放課後，A児が友だちのところに遊びに行ったことを，母親は嬉しそうに実施者に報告した。＃8では学校がある5日間の内，1〜2日は遊びに行っており（23％：放課後遊んだ日数／学校がある日×100），習い事や相談機関に出かける日以外は，

ほとんど遊びに行くという状態であった。

　＃9では，怒りに焦点を当てた感情コントロールの訓練を行った。問題場面として，理科の実験が長引き，給食準備が遅れてしまった男児に，クラスメイトの女児が準備をせかして，肩をたたき，男児が女児を押すという内容を提示した。この場面は，A児が叩いてしまう状況として，担任教諭からの情報を参考に設定された。男児や女児やそれを見ていたクラスメイトの気持ちを推察し，男児がどのような行動をとればよかったか整理を行い，イライラした時にできそうな対処を話し合った。対処方法として実施者から，深く息を吸う，心の中で数える，相手が故意にしたわけではないと考える，などいくつか提示した。A児が自分できそうな対処を一緒に考えると，「気持ちを伝える」，「何か文句を言いながら，その場を去る」を挙げた。その後，イライラするような他の場面を提示し，どの対処方法が利用できそうか考え，A児は，ワークシートに記入した。実施者がクラスメイトのA児をイライラさせる役を担当し，ロールプレイが行われた。さらに，HWでもA児が怒りやすい場面を想定して，母親とロールプレイを行い，毎日リハーサルを行った。母親からは，X年1月21日に，習い事があったのにもかかわらず，習い事までの間に1時間程度遊びに行ったと報告された。その時は，A児が自らクラスメイトに「1時間しか遊べないけど，僕も公園に行っていいか」と意思表示をしたということだった。学校行事で行われた授業参観でも，A児が，率先してクラスメイトとかかわっているところや，一緒に取り組んでいることを母親は見ており，学校内での変化を確認し，主訴が改善したことから，＃10（X年1月21日）にて終結とすることで合意が得られた。

　＃10では，困った場面でうまく対応できるように，問題解決スキル訓練を行った。問題場面は，体調の悪い女児が吐いてしまい，男児に「汚い」と責められて，泣いてしまうという内容であった。担任教諭に確認したところ，A児は普段このような場面を目撃しても，見ているか何もしないというこであった。女児の気持ちや男児がどうすればよかったかなどを話し合い，

問題解決のしかたの流れとして，①解決する方法をいくつか考える，②その解決方法をした時にどのような結果になるか考える，③よい結果のものを選ぶ，④選んだ解決方法を行うための順番を考えることを提示した。問題解決のしかたの流れは，困りごと解決シートに示し，記載できるようにした。シートに従い，A児と問題場面についての解決のしかたを一緒に考えたところ，「先生を探して，先生に言う」という対処をすることが選ばれた。HWでは，A児が遭遇しそうな色々な困った場面を提示し，母親と一緒に困りごと解決シートに記載して，どのような解決方法がよいか考えることとした。#10後，1月末にクラスメイトにちょっかいを出されてカーッとなることがあったが，叩かずに席に戻ったことを担任教師が目撃した。これは，今までのA児であれば，相手をたたいていた場面である。#10終了後の担任教師へのインタビューでは，「先日，クラスメイトに『いただきますって言った方がいいんじゃない』と言われ，A児が『いただきます』と言っており，他のクラスメイトと同じような普通の会話が成り立つようになった」という報告があった。クラスメイトが，A児を「ちょっとかわった子」として捉えているのは今でもあるが，A児への理解が深まったように感じると担任教師から感想が述べられた。母親からの情報によると，家庭では，朝，登校をしぶることがほとんどなくなったということであった。

　1ヶ月後のフォローアップセッションでは，A児に面接が最後であることを伝え，クラスメイトとのかかわりについて聞き，A児の好きなキャラクターの話をして終結した。放課後に友だちのところに遊びに行く割合は維持されていた（22％：放課後遊んだ日数／学校がある日×100）。新年度はクラス替えがなく，A児とクラスメイトの相互作用の増加は，継続していることを担任教諭より報告された。また，HWはそれぞれのSSTが行われた後，土日を含めて，2週間毎日実施されていた。

第 2 項　質問紙による評価

　Table 5-1 は，A 児の訓練前と訓練後，1ヶ月後のフォローアップ時におけ
る教師評定の社会的スキル尺度の得点を示している。その結果，訓練後では
「働きかけ」，「学業」，「自己コントロール」，「仲間強化」，「規律性」「総得
点」の全ての得点が上昇していた。また，1ヶ月後のフォローアップ時にお
いては，「自己コントロール」，「働きかけ」，「仲間強化」「総得点」の得点が
上昇していた。特に，磯部ら（2006）の研究にある 5 年生男児の平均値より
1 SD 低かった「仲間強化」において，フォローアップ時では，平均値より
も上回った結果となっていた。

第 4 節　考　　察

　本研究では，母親と，担任からの情報，教室での行動観察に基づいて機能
的アセスメントを行い，介入方針を立てた。SST を行った後は，教員によ
る社会的スキルの評価が向上し，放課後に A 児が遊びにいく回数が増えた。
この回数の増加は，クラスメイトに誘われて，A 児が遊びに行くという意
思を示したか，自ら会話に入り，遊びに行く意思を伝えたかのどちらかが想
定される。これは，＃ 5 で行った「やさしい頼み方」や＃ 7 で行った「会話
への入り方」を実行した結果であると推察できる。＃ 9 後では，A 児は「1
時間しか遊べないけど，僕も公園に行っていいか」と意思表示をクラスメイ
トにしているが，これは，＃ 6 で訓練した「上手な断り方」スキルに類似し
ており，「全部は遊べない（断る）が，習い事までの時間までなら遊べる（提
案する，希望を伝える）」といった複雑なスキルを，クラスメイトとのかかわ
りにおいて実行したと考えられる。このことから，社会的スキルが，訓練場
面以外にも般化した可能性が示唆される。

　これまで，通常学級に在籍する ASD 児への SST 介入の多くは，調査研

究によって明らかにされた，身につけるとよいとされる社会的スキルや対象児に足りないとされる社会的スキルを選定している（樫尾ら，2006，吉田・井上，2008）。一方で，ASD 児の SST 介入では，介入効果・般化効果は，低いことが明らかにされており（Bellini et al., 2007），効果的なプログラムの開発が求められている。機能的アセスメントに基づく SST の介入研究は少ないものの（大月ら，2006），本症例では，機能的アセスメントを行い，SST を実施し，A 児の変化が報告された。このことから，機能的アセスメントを行い，実施するということが ASD 児への SST の般化効果・維持効果を高めることへの一助となるかもしれない。

　佐藤ら（1998）は，健常児を対象とした SST 研究において，日常生活への般化と維持を可能にするには，標的とされた社会的スキルに関する概念理解を深めること，標的とした社会的スキルを行動リハーサルする機会を十分に設定すること，訓練段階から仲間を参加させること，組織的かつ構造的に相互作用を促進する環境が設定された遊びをすることが必要であると述べている。本研究では，標的とされた社会的スキルに関する概念的理解を深めるために，最初は比喩表現を用いたが理解が困難であったため，実際に体験したことがある場面に変更した。その際，登場人物を A 児ではなく，架空の登場人物にして，一般化を図った。さらに，相手の感情を快，不快のレベルから弁別することを行った。また，標的とした社会的スキルを行動リハーサルする機会を十分に設定するために，HW として毎日，リハーサルする機会を設けた。これらの工夫は，スキルの般化と維持を促したかもしれない。本邦での ASD 児への SST 介入は行われているものの（大月ら，2006・若澤ら，2011），学校場面での般化に関して，検討したものは少ない（吉田・井上，2008）。これは，訓練場面が学校ではなく，般化場面としての学校の情報が得られにくいといった問題によるものかもしれない。本研究では，実施者がSc であり，教員との連携も取りやすく，教室での様子を直接観察できたために教室場面に近いような問題場面の設定が可能であった。このような利点

を考えると，今後，Sc が相談活動の一環として SST を行っていくことも般化の促進には効果的かもしれない。

　本研究では，教師評定尺度，教師による行動観察の報告から般化効果・維持効果が得られたと判断した。しかし，主観的な評定のみであり，般化効果や維持効果を十分に測定しているとは言い難い。さらに，A 児の行動観察の時間は短く，その情報を A 児とクラスメイトの相互作用の代表とするのはアセスメントを誤る可能性もあるため，観察時間の確保が課題であった。そのため，Sc という限られた時間の中では，インタビューは頻度や回数を聞くような構造化されたものにし，行動観察からの行動の増減や，スキルの実施回数などの客観的指標による評価に時間を割く必要がある。本研究では，機能的アセスメントを行った上での SST の重要性を先述したが，機能的アセスメントの妥当性に関しては，客観的指標を用いたさらなる検討が必要である。

第6章　自閉スペクトラム症児に対する
社会的スキル訓練・親訓練を含めたプログラムの
効果検討

第1節　問題と目的

　ASD の成人への心理療法のレビューでは，ASD の成人が「Better Strangers」として良好な対人関係を築くために，社会的スキルの獲得が重要であると指摘している（Ramsay et al., 2005）。そのため，早い段階で社会的スキルの獲得を目指す SST が行われることで，二次的な社会的機能障害を軽減もしくは，予防できる可能性が考えられる。

　ASD 児への SST 介入効果を高める方略として，第2章では，①親を介入に含めること，②社会的スキルが求められる学校場面の文脈に合わせること（セッティングやルール，教示内容），③標的スキルに合わせた自由般化場面を設けること，④行動リハーサルを増やすためにホームワークを設定することが整理された。その流れを受け，第5章では，標的とされた社会的スキルに関する概念理解を深めること，標的とした社会的スキルを行動リハーサルする機会を十分に設定すること，組織的かつ構造的に相互作用を促進する環境が設定された遊びをすることを取り入れ，症例研究を行った結果，主訴の改善が見られた。

　一方で，ASD 児を養育する親も，ストレスが高いという報告がある（Dunn et al., 2001）。親子のコミュニケーションの改善や親のストレス軽減に効果的な介入の一つに（Parent Training: PT）が挙げられる。ASD 児を育てる保護者に PT を行うことの効果について，行動リハーサルやロールプレイ

を含めた Aman ら（2009）の研究において，怒りっぽさやステレオタイプ行動，不従順さの改善が認められている。

このように，ASD 児への SST の介入効果を高めるために親を介入に含める必要性があることや ASD 児の PT の有効性が報告されていることから，ASD 児とその親を対象とした SST と PT を含めたプログラムが必要であると考えられる。そこで，本研究では第 5 章で行われた SST プログラムを参考に，SST と PT から成る「獨協なかまプログラム」を開発し，小集団に実施することで，学校や家庭で，子どもの行動特徴の改善が見られるか，親のストレス反応，養育に対する自信において，効果が認められるかどうかを検証することを目的とした。

第 2 節　方　　法

第 1 項　対　　象

大学付属病院小児科を受診し，1）医師による PDD の診断を受けている，2）IQ70以上の小学校 2 年生〜5 年生，3）プログラム申し込み時に通常学級に在籍している児童とその親を対象とした。PDD の診断は，小児神経科医の 2 名により，DSM-IV に基づき診断された。対象者は，13組の親子で，プログラム対象年齢や個人のニーズ（通級指導教室に通っていて都合が合わない，プログラム対象年齢への合致）に合わせ，プログラムに参加した介入群 7 組と，後に介入を予定された通常治療（Treatment as usual: TAU）群 6 組に分けた。本研究で対象とされた介入群 7 組のうち，後に家庭の事情で途中リタイアした 1 組を除いた 6 組，TAU 群 6 組の属性を Table 6-1に示す。6 組の介入群の主訴は，きょうだい児への嫌がらせ，怒ると暴言・暴力をふるう，ゲームの順番を守れないなどの友人トラブル，遊びに夢中になり声かけしても指示に従えないことが主であった。TAU 群は，後の介入が始まるまで，通常治

第6章　自閉スペクトラム症児に対する社会的スキル訓練・親訓練を含めたプログラムの効果検討　　61

Table 6-1　対象児の属性

	群		
	介入群 n =6	TAU 群 n =6	p Value
年齢 $M(SD)$	9.00（0.89）	8.00（0.89）	<0.10
性別 M:F 比	6：1	6：1	*n.s.*
IQ $M(SD)$			
FIQ	106.17 (15.41)	94.67 (20.16)	*n.s.*
VIQ	98.67（9.67）	92.00 (31.20)	*n.s.*
PIQ	102.83（8.72）	93.00 (27.90)	*n.s.*
診断 $n(\%)$			
PDD-NOS	4 (66.6)	6 (100)	－
AS	2 (33.3)	0 (0)	－
+多動	2 (33.3)	2 (33.3)	－
+ EP	0 (0)	1 (16.7)	－
+ TD	0 (0)	1 (16.7)	－
投薬 $n(\%)$			
MPD	2 (33.3)	3 (50.0)	－
APZ	2 (33.3)	2 (33.3)	－
ATX	0 (0)	1 (16.7)	－
LTG	0 (0)	1 (16.7)	－
VPA	0 (0)	1 (16.7)	－
RIS	0 (0)	1 (16.7)	－
BPD	0 (0)	1 (16.7)	－
None	3 (50.0)	1 (16.7)	－

PDD-NOS: Pervasive Developmental Disorder-Not otherwise specified（特定不能の広汎性発達障害）, AS: Asperger's disorder（アスペルガー障害）, EP: Epilepsy（てんかん）, TD: Tourett's disorder,（トゥレット障害）MPD: methylphenidate, APZ: aripiprazole, LTG: lamotrigine, VPA: valproate, RIS: risperidone, ATX: atomoxetine, BPD: biperiden.

62

療として，定期的に外来での療育相談を受けた。なお，介入群へのプログラムの実施時期は，平成23年5月～11月である。

第2項　プログラム内容

　担当医師より，本プログラムの目的，方法などの説明後，参加を希望した親とその児童を対象とした。なお，本プログラムでは，スタッフが子どもの特徴を把握した上で，PT プログラムに臨め，親がスタッフの対応を参考にできることから SST を先に行い，PT を後に行う構成にした。介入群には，2週間に1回，13セッション（導入1回，SST 6回12週，PT 6回12週），1回90分のプログラムを実施した（Table 6-2）。SST セッションは，親が見学，セッションに参加し，PT セッションでは，親のみが参加した。セッションでの学習を定着させるために，セッション終了後から次のセッションがある2週間の間，親子にホームワークが課せられた。SST セッションでは，コーチング法を用い，訓練場面のセッティングやルール，教示内容を学校場面の文脈に合わせ，標的スキルに合わせた自由般化場面を設けた。さらに，行動リハーサルを増やすためのホームワークを設定した。セッション後半15分は親セッションを設け，SST の感想発表，ホームワークの実施方法や実施における注意点を説明した。SST セッションに使用したワークシートの例をFigure 6-1に示す。PT セッションでは，子どもと親のコミュニケーション行動を選んで，強化のための計画立案，ロールプレイを行った。PT でのホームワークは，セッション内で立案された計画を実施することであった。PT セッションに使用したワークシートの例を Figure 6-2に示す。月に1回，応用行動分析の専門家にスーパーバイズを受けながら，マニュアル作成，プログラムを実施した。本プログラムはマニュアルに準拠して行われ，マニュアル準拠の忠実性を，チェックシートを用いて，評価した。プログラムには，メイントレーナー1名，サブトレーナー2名，臨床心理学を専攻する学生2名が補助スタッフとして参加した。トレーナーは，ASD 児の療育

第6章　自閉スペクトラム症児に対する社会的スキル訓練・親訓練を含めたプログラムの効果検討　63

に5年以上携わっている臨床心理士であった。

Table 6-2　なかまプログラムの概要

回	内容（参加者）	テーマ	ホームワークの内容
1	導入（親）	プログラムの説明，自己紹介，発達障害の心理教育	－
2		なかま教室の目標の共有，教室でのルールの説明，「自己紹介（じょうずに自己紹介をしよう）」	－
3	社会的スキル訓練（子ども・親）	「上手な話の聞き方（上手に話をきこう）」	行動リハーサル（親が30秒話をする）
4		「共感のしかた（相手の気持ちを考えて話をきこう）」	
5		「あたたかい言葉かけ（相手の気持ちを考えてあたたかい言葉をかけよう）」	行動リハーサル（ロールプレイサイコロの使用）
6		「上手な仲間の入り方（上手に仲間に入ろう）」	
7		「上手な頼み方（優しく頼もう）」	
8	親訓練（親）	上手なほめ方①（強化の計画をたてる「あいさつ」）	あいさつ計画の実施
9		上手なほめ方②（強化の計画をたてる「話をする」）	話をする計画の実施
10		行動を引き出す環境調整（環境調整の計画をたてる）	話をきく計画の実施
11		手順にわけてほめよう（行動連鎖化の計画をたてる）	返事と報告する計画の実施
12		困った行動に取り組もう（代替行動形成の計画をたてる）	自ら考えた計画の実施
13		まとめと振り返り	自ら考えた計画の実施

●ワークシート 2-1 (うらき)

けい1とけい2では、どちらがよいでしょう。

ちがいさがし：けい1とけい2のちがいをかこう。

じょうずなはなしのききかたのポイント

☆じょうずなはなしのきさかたをれんしゅうしてみよう

☆じょうずなはなしのきさかたをせっぴうしてみよう

じょうずなはなしのききかたをすると、あいてはどんなきもちになるでしょう？

●ワークシート 2-1

3. きょうのめあて：

じょうずに
はなしをきこう！

かんがえてみよう：どうしてじょうずにはなしをきくの？

● しょうたくんとだいきくんのはなし

学校に行くととちゅう

しょうたくん：「だいきくんおはよう、きのう、テレビでやって
たおわらいみた？」

だいきくん：本をよみながら、「みてないよ」といいました。

しょうたくん：「ねえ、だいきくん、きいてるの？」

だいきくん：本をみたまま、「うん、きいてるよ」とこたえました。

しょうたくんのきもち

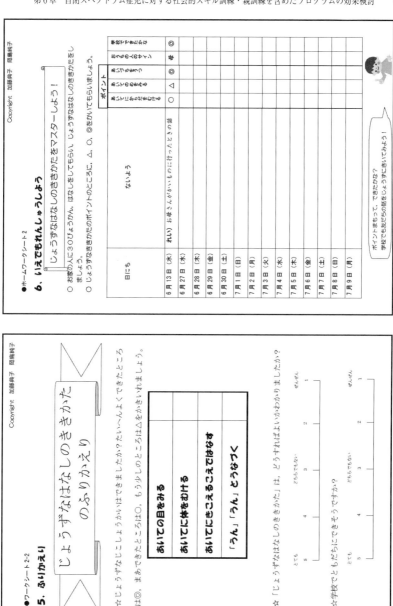

Figure 6-1 SSTセッションで使用したワークシート・ホームワークシートの例

Chapter10 Session 8 - 第1回 ペアレントトレーニング -

今日のテーマ：子どものあいさつをほめよう

本日の予定

1. ペアレントトレーニングについて
2. 今日のワーク①：ペアワークとグループ発表
3. 今日の課題：なぜ子どもの行動をほめるのか考えてみよう
4. 今日のワーク②：ほめる行動を具体的に練習しよう
5. 今日の課題：ほめる行動を具体的に発表しよう
6. アンケート記入と宿題説明

1. ペアレントトレーニングについて

なかまプログラムのペアレントトレーニングとは

ペアレントトレーニングとは、親が主役となって、子どもに関わるスキルを身につけていくための訓練プログラムです。なかまプログラムのペアレントトレーニングでは、特にほめる子どもの行動を通して、ほめることを中心に置きながら練習していくための様々な工夫を凝らしていきます。日本では、できていないところを指摘して正していくだけの教育が中心的ですが、今日から3ヶ月間は、子どもをほめて適切な行動を増やしていくための子育てのスキルを身につけていきましょう！

▶ なかまプログラムのペアレントトレーニングの目的
① 親が子どもの行動に働きかけていく方法を習得すること
② 親の手助けによって、子どもがソーシャルスキルトレーニングで学んだスキルを実生活の中で使っていけるようになること
③ 親と子ども双方のコミュニケーションスキルが最大限に発揮され、親子のコミュニケーションがより良くなること

▶ ペアレントトレーニングのスケジュール
第1回　子どものあいさつをほめよう
第2回　ほめ方を工夫して、子どもの良さをもっと認めよう
第3回　状況設定を工夫して、子どもの良さをもっと認めよう
第4回　子どもが報告することを、手順にわけてほめよう
第5回　子どもの困った行動を、良い行動にかえてほめよう
第6回　これまで学んだことを振り返ろう

---

2. 今日のワーク①　ペアワークと協同発表
宿題をグループで話し合って、自分の子どもの良かったところをほめながら発表しよう

メモ欄

3. 今日の課題：なぜ子どもの行動をほめるのか考えてみよう

子どもの行動に働きかける方法は、大きく分けると、適切な行動をほめることと困った行動を叱ることとの2つがあります。
子どもにあいさつができるようになって欲しい場合を例に、2つのやり方を比べてみましょう。

（1）子どもの行動に働きかける2つの方法を知ろう

適切な行動をほめる場合

きっかけとなる状況
玄関を出て
隣の人に会った時

⇒ 行動
隣の人の顔を見て
「おはようございます」
と言う

⇒ 嬉しい結果
親から褒めて
「あいさつできたね」
と言われる

→ 同じ行動が増える

不適切な行動を注意する場合

きっかけとなる状況
玄関を出て
隣の人に会った時

⇒ 行動
黙ってうつむく

⇒ 嫌な結果
親から注意口調で
「なんで黙ってるの」
と言われる

→ 同じ行動が減る

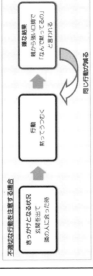

第 6 章　自閉スペクトラム症児に対する社会的スキル訓練・親訓練を含めたプログラムの効果検討　67

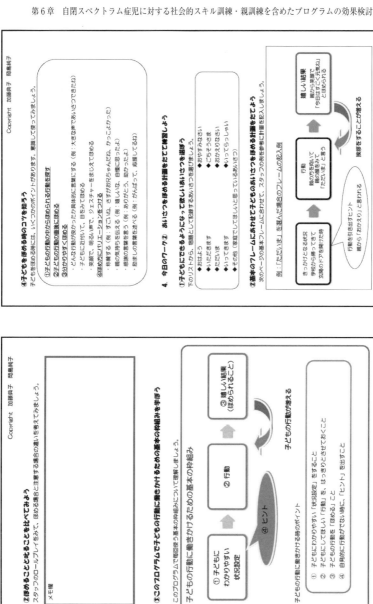

Figure 6-2　PT セッションで使用したワークシートの例

第3項 調査方法

　評価時期は，インテーク面接後からプログラム開始前（T1），開始12週後のSST終了後から，PT開始まで（T2）および，開始24週後のプログラム終了直後（T3）であった。親は，評価時期にすべての尺度に回答した。教師評定尺度は，親が，担任教員に頼んで回答してもらい，親が回収した。TAU群には，介入群と同じ時期に郵送で調査用紙を送付し，回答を求めた。評価は，下記に示す方法で行った。

⑴**対人応答性尺度**（Social Responsiveness Scale; SRS; Constantino & Gruber, 2005）
　SRSは，親または，教師がASD児にみられる行動特徴を評価することを目的として，Constantino & Gruberによって開発された尺度である。「対人的気づき（SRS-A）」，「対人認知（SRS-Cog）」，「対人コミュニケーション（SRS-Com）」「対人的動機付け（SRS-Mot）」，「自閉的常同症（SRS-Man）」の5因子65項目で構成され，0（あてはまらない）～3（ほとんどいつもあてはまる）の4件法である。得点が高い方がASD児にみられる行動特徴を多く有すると評価される。日本語版は，神尾ら（2009）が標準化を行い，信頼性と妥当性が確認されている。Tスコアに換算され，Tスコア76以上をASD-Probable，60-75をASD-Possible，59以下がASD-Unlikelyと群分けされている。本研究では，親と担任教員に回答を求めた。

⑵**心理的ストレス反応尺度**（Stress Response Scale -18; SRS-18; 鈴木ら, 1997）
　この尺度は，日常的に経験する多様な心理的ストレス反応を測定することを目的に開発された尺度であり，妥当性と信頼性が確認されている（鈴木ら，1997）。ここ2, 3日の感情や行動の状態にどのくらい当てはまるかについて，0（全くちがう）～3（その通りだ）の4件法で回答を求めた。得点が高いほど，心理的ストレス反応が強いとされる。「抑うつ・不安」，「不機嫌・怒

第6章　自閉スペクトラム症児に対する社会的スキル訓練・親訓練を含めたプログラムの効果検討　69

り」、「無気力」の3因子18項目で構成されており，親に回答を求めた。

⑶育児自己効力感尺度（Parental Self-Efficacy Scale; PSES; 田坂，2003）

　この尺度は，育児役割における親としての能力に対する自信の程度を測定することを目的に開発された尺度であり，妥当性と信頼性が確認されている（田坂，2003）。「子どもへの積極的関わりの自信」、「子どもを安堵させる自信」、「子どもに自己統制させる自信」の3因子14項目で構成されている。1（全くあてはまらない）〜6（非常にあてはまる）の6件法で，親に回答を求めた。この尺度は，得点が高いほど，育児に対する自己効力感が高いと評価される。

第4項　解　析　方　法

　親評定式尺度の変化を検討するため，各介入前からSST後までの変化量（T2-T1），SST後から介入後（T3-T2），介入前からPT後までの変化量（T3-T1）を算出し，t検定を行い，介入群とTAU群の比較を行った。

第5項　倫理的配慮

　本研究に参加を希望した患者の養育者に対し，文書，口頭による説明を行い，インフォームドコンセントを得た。本研究は，獨協医科大学埼玉医療センター生命倫理委員会の承認を得て実施した。

第3節　結　　　果

第1項　ベースライン

　介入群では，家庭の事情によるドロップアウトが1名，ポストデータの提出漏れが1名いた。本研究では，ドロップアウトの方のデータを除き，T1

70

で 6 名，T2で 6 名，T3で 5 名のデータを解析対象とした。TAU 群では，提出漏れのない 6 名が解析の対象とされたが，1 名は T3時点での SRS が抜けていたため，T3時点の SRS 得点を含む解析は 5 名のデータを用いた。

第 2 項　親評定尺度の変化

親評定尺度の変化について t 検定を行ったところ，心理的ストレス反応合

Table 6-3　親・教師評定尺度得点の平均値と標準偏差

	介入群（$n=6$）		
	T1	T2	T3
Parent measures			
PSES-total	53.83（ 6.97)	52.83（ 3.71)	62.60（ 6.66)
SRS-18-total	31.00（ 8.32)	27.50（ 8.80)	21.00（ 2.45)
SRS-A	71.17（ 9.35)	68.00（ 7.69)	61.00（ 6.86)
SRS-Cog	73.17（ 9.11)	66.00（ 6.10)	64.40（ 7.64)
SRS-Com	77.67（10.75)	66.50（ 5.36)	64.20（ 9.91)
SRS-Mot	54.17（ 5.49)	50.17（ 8.23)	51.00（ 6.96)
SRS-Man	74.33（11.06)	67.17（ 5.81)	67.80（ 5.26)
SRS-total	72.67（ 6.06)	66.33（ 4.08)	64.40（ 8.30)
Teacher measures			
SRS-A	63.50（ 8.43)	59.40（ 7.67)	59.80（10.28)
SRS-Cog	53.17（10.66)	56.40（ 9.37)	50.00（ 7.75)
SRS-Com	56.67（ 9.16)	59.80（ 6.38)	55.40（ 3.29)
SRS-Mot	52.17（12.24)	55.80（11.82)	51.00（ 8.31)
SRS-Man	61.67（17.12)	61.00（16.02)	60.00（10.58)
SRS-total	58.33（10.42)	59.00（ 8.63)	56.00（ 4.90)

PSES-total: total score of parental self-efficacy scale, SRS-18-total: total score of stress response scale-18 , SRS-A: social responsiveness scale in the area of awareness, SRS-Cog: social responsiveness scale in the area of cognition, SRS-Com: social responsiveness scale in the area of communication, SRS-Mot: social responsiveness scale in the area of motivation, SRS-Man: social responsiveness scale in the area of mannerism, SRS-total: total sore of social responsiveness scale.

第6章　自閉スペクトラム症児に対する社会的スキル訓練・親訓練を含めたプログラムの効果検討　71

計得点（SRS-18-total），対人コミュニケーション（SRS-Com）の介入前から PT 後までの変化量（T3-T1）において，TAU 群よりも有意に介入群の方が大きかった（$t(9) = -2.37$, $p = 0.042$, $t(8) = -3.98$, $p = 0.004$; Table 6-3）。参加した親における SRS-18-total の変化が大きかった 2 名の親からは，「子どもが学校で，友達と対立することが多かったが，援助的な声かけができていたことを教師から報告を受けた」，「自ら友達と関わることが増えた」との報告があ

TAU 群（$n = 6$）			p Value		
T1	T2	T3	T2-T1	T3-T2	T3-T1
56.50（ 2.59）	57.17（ 6.74）	55.67（ 8.89）	*n.s.*	*n.s.*	<0.10
30.50（ 6.60）	34.83（11.70）	36.50（16.15）	*n.s.*	*n.s.*	<0.05
64.00（ 7.90）	62.83（13.62）	58.60（17.13）	*n.s.*	*n.s.*	*n.s.*
74.33（17.32）	74.83（20.93）	70.60（19.73）	<0.10	*n.s.*	*n.s.*
72.50（15.16）	70.33（14.04）	73.20（18.43）	<0.10	*n.s.*	<0.05
69.17（20.96）	66.50（17.90）	59.40（16.30）	*n.s.*	*n.s.*	*n.s.*
84.17（17.03）	75.50（11.95）	85.40（16.88）	*n.s.*	<0.05	*n.s.*
76.67（16.44）	75.17（17.48）	74.00（18.62）	*n.s.*	*n.s.*	*n.s.*
–	–	–	–	–	–
–	–	–	–	–	–
–	–	–	–	–	–
–	–	–	–	–	–
–	–	–	–	–	–
–	–	–	–	–	–

り，そのような行動の変化が親のストレス反応の軽減につながった可能性が考えられる。SRS-Com では，全体的に10パーセンタイル以上，得点が改善しており，プログラムに参加した親は，対人的コミュニケーションが向上したと評価した。また，自閉的常同症（SRS-Man）の SST 後から介入後までの変化量（T3-T2）において，TAU 群よりも有意に介入群の方が大きかった（$t(8) = -2.66$, $p = 0.029$）。特に上記に示した「自ら友達と関わることが増え

Table 6-4　親・教師評定尺度得点の効果サイズ

	介入群（$n = 6$）			TAU 群（$n = 6$）		
	T2-T1	T3-T2	T3-T1	T2-T1	T3-T2	T3-T1
Parent measures						
PSES-total	− 0.14	2.63	1.26	0.26	− 0.22	− 0.32
SRS-18-total	− 0.42	− 0.74	− 1.20	0.66	0.14	0.91
SRS-A	− 0.34	− 0.91	− 1.09	− 0.15	− 0.31	− 0.68
SRS-Cog	− 0.79	− 0.26	− 0.96	0.03	− 0.20	− 0.22
SRS-Com	− 1.04	− 0.43	− 1.25	− 0.14	0.21	0.05
SRS-Mot	− 0.73	0.10	− 0.58	− 0.13	− 0.40	− 0.47
SRS-Man	− 0.65	0.11	− 0.59	− 0.51	0.83	0.07
SRS-total	− 1.05	− 0.47	− 1.37	− 0.09	− 0.07	− 0.16
Teacher measures						
SRS-A	− 0.49	0.05	− 0.44	−	−	−
SRS-Cog	0.30	− 0.68	− 0.30	−	−	−
SRS-Com	0.34	− 0.69	− 0.14	−	−	−
SRS-Mot	0.30	− 0.41	− 0.10	−	−	−
SRS-Man	− 0.04	− 0.06	− 0.10	−	−	−
SRS-total	0.07	− 0.35	− 0.22	−	−	−

PSES-total: total score of parental self-efficacy scale, SRS-18-total: total score of stress response scale-18 , SRS-A: social responsiveness scale in the area of awareness, SRS-Cog: social responsiveness scale in the area of cognition, SRS-Com: social responsiveness scale in the area of communication, SRS-Mot: social responsiveness scale in the area of motivation, SRS-Man: social responsiveness scale in the area of mannerism, SRS-total: total sore of social responsiveness scale.

た」と報告した親の SRS-Man 得点が大きく改善していた。この親は，介入前に「友達と関わりたいが，やり方が分かっていない」と述べていたことから，対象児童が友達との関わり方がわかったことで関わる時間が増え，結果として子どものストレスが軽減されるとともに頑固で融通の利かない行動パターンが見られにくくなった可能性がある。

第3項　教師評定尺度の変化

　T1からT3を通して提出のあった介入群4名のデータが解析の対象とされた。また，TAU群の方は，教師評定の回収率が悪く，解析不可能であったため，介入群のみを解析の対象とした。時期（T1，T2，T3）を要因とし，各尺度得点をそれぞれ従属変数とする一要因の分散分析を行ったところ，有意な変化は認められなかった。

第4項　効果サイズの算出

　それぞれの尺度における T2-T1，T3-T2，T3-T1の効果サイズを算出した（Table 6-4）。Cohen（1988）は，効果サイズに関して，0.20は小さい，0.5は中程度，0.8は大きいと判定している。介入群の T2-T1では，SRS-Com，SRS-total，T3-T2では，育児自己効力感合計（PSES-total），対人的気づき（SRS-A），T3-T1 では，PSES-total，SRS-18-total，SRS-A，対人的認知（SRS-Cog），SRS-Com において効果サイズが大きかった。TAU群の T3-T2では，SRS-Man の効果サイズが大きいが，＋であることから，悪化している結果となった。

第4節　考　察

　本研究では，ASD 児に対する SST と PT を含めた「獨協なかまプログラム」を開発し，学校や家庭での子どもの行動が改善するか，親のストレスや

自己効力感に改善が認められるかについて検討した。

　親評定尺度では，TAU 群よりも介入群において，介入後，心理的ストレス反応の減少，コミュニケーション行動の改善が認められた。Frankel et al.,（2010）は，児童期の ASD を対象として SST にコーチング法を用い，対象児にホームワークを設定し，親が必要に応じてアシストするという内容を含めている。コーチング法とは，教示，ロールプレイ，モデリング，行動リハーサル，フィードバックを含む行動療法を基礎とした技法である。その結果，介入群は，社会的スキルの向上，遊ぶ行動が増加し，3ヶ月後も効果は維持していた。本研究でも，SST には，コーチング法を用い，行動リハーサルを増やすためのホームワークを設定した。Frankel et al（2010）と同じ研究グループで，12歳〜17歳の ASD 児を対象として SST を行った Laugeson et al.（2012）の研究結果では，親評定の SRS-Cog，SRS-Com，SRS-Man の有意な減少がみられた。本研究では，T3-T1の時期において SRS-Com に有意差，T1-T2の時期において SRS-Cog に傾向差，T3-T2の時期において SRS-Man に有意差がみられており，概ね同様の結果が得られた。コミュニケーション行動は，SST，PT を通して改善がみられており，人の声や表情の変化などの気づきは SST により改善が見られ，頑固で融通がきかない行動パターンは PT を通して改善がみられている可能性が考えられた。これは，親は子どもが同年齢とどのような対人関係の築き方をしているのか見る機会が少なく，SST での見学を通して，子どもが対人関係の築き方を学習しているように感じたのかもしれない。一方で，頑固で融通がきかないパターンは，家庭内でも見られやすい行動のため，PT を通して，軽減したのかもしれない。このようなことから，ASD 児とその家族に対して SST と PT を単独で行うより，本プログラムのように SST と PT の両方を行うことで，同年代との対人関係の築き方や家庭での過ごし方の双方に取り組むことが可能となり，ASD 児の社会性やメンタルヘルスの向上に寄与できると考えられる。しかしながら，SST 後に遅延して改善するのか，PT を

受けることで効果が増大するのかわからず，本研究では，そのような問題を検討するためのデザインではないため，SST，PTのどちらの効果であるのかを明らかにすることは，今後の課題であると考えられる。

同研究の教師評定は，SRS-totalに変化がみられなかったと述べている（Langeson et al., 2012）。本研究においても，教師評定のSRS-totalに変化が見られなかった。しかし，教師評定では，TAU群との比較をしていないため，今後，サンプルサイズを増やすこと，TAU群と比較することが必要であると考えられた。

さらに，T3での評価は，介入直後もしくは，自宅に持ち帰って評価尺度の記載を対象者に求めており，プログラムの達成感による効果も考えられる。そのため，フォローアップ評価を行い，維持効果の検討を行う必要がある。

以上のことから，「獨協なかまプログラム」は，ASD児に対し，家庭や学校場面でのコミュニケーション・スキルの向上，その親に対し，ストレス反応の軽減に効果を示すことが示唆された。本研究では，SSTだけでなくPTを組み合わせて実施したが，それは，PTによって，親が子どもの好ましい社会的行動を強化できるようになれば，プログラム効果の維持や般化が期待できると考えたからである。本介入による学校場面での般化効果を検討するために，教師評定を取り入れた。学校は児童が多くの時間を過ごす社会場面と考えられるため，教師評定においても改善が見られることは子どもの社会適応にとって重要であると考えられる。今後の研究として，プログラムで学習した内容や子どもの様子についてプログラム実施者と担任教員と情報交換するなどの学校連携を含めたプログラムの検討が必要である。さらに，プログラム実施後もその効果が維持しているかどうかを検討するために，フォローアップ調査を行う必要があると考えられる。

第7章 総合考察

第1節 本研究の結果のまとめ

　本研究の目的は，①ASD児に特徴的な社会的スキルを明らかにすること，②症例研究や介入研究を通して，ASD児に効果があるSSTプログラムを開発することであった。章ごとの結果についてまとめると，次の通りであった。

　第1章では，ASD児の特徴や治療，心理療法について紹介した。

　第2章では，欧米で行われているASD児へのSSTと日本で行われているASD児へのSSTについてレビューした。今後わが国において，通常学級に在籍するASD児に必要とされるSST介入を以下に述べる。まず，peer reviewの論文を増やすことが重要課題であるといえる。介入効果，般化効果や維持効果を高めるための工夫などを施し，介入効果の向上を狙いとした研究が必要である。介入効果を高めるための工夫として，

　①標的スキルを選定する際，機能分析を行う

　②標的とされた社会的スキルに関する概念的理解を深める

　③標的とした社会的スキルを行動リハーサルする機会を十分に設定する

　④組織的かつ構造的に相互作用を促進する環境が設定された遊び場面を設定する

　⑤訓練場面は，学校場面に似せたセッティングで行う

　⑥プログラムの内容は日本の文化的背景に合わせたものがよい

　⑦ペアレント・トレーニングなど，親を含めたプログラムを作成する

という点が整理された。

第3章では，ASD児へのSSTに関する問題点を整理し，本研究の目的と意義について述べた。

第4章では，ASD群と健常群の社会的スキルの相違を明らかにすることを目的とした調査を行った。ストレス反応，学校不適応は，ASDと診断されている中学生の方が健常群よりも高く，社会的スキルは低いことが明らかとなった。学校不適応感では，教師との関係のみ臨床群と健常群の差が見られなかった。このことは，ASD児は友達や部活，勉強に対する不適応感は感じているものの，教師との関係においては，不適応感を感じておらず，大人との関係よりも，同年代との関係の築き方を注意して観察する必要があるといえる。ソーシャルスキル・パターンとASD群と健常群の人数比を検討したところ，「低スキル型」「消極型」に，臨床群が有意に多く，「良好型」に健常群が有意に多く，「関係継続低スキル型」においては，臨床群と健常群の人数に有意差が認められなかった。関係に参加したり，維持したり，向上させたりする社会的スキルのバランスが良い児童・生徒の中にはASD児は少なく，自ら話しかけたりしない児童生徒の中にASD児が多く含まれた。また，追加分析を行った結果，身体反応，不機嫌・怒り，関係維持行動において，教室登校群より不定期登校群の方が有意に高かった。

第5章では，症例検討として，ASD児にSSTを行い，効果を検討した。この介入内容で工夫された点は，①SSTを行う前に，機能的アセスメントから代替行動を特定し，その代替行動を標的スキルとした，②標的のスキルに関する概念的理解を深めるために，ASDの特性に合わせた教示を行った，③標的スキルを行動リハーサルする機会を十分に設定するために保護者とリハーサルをする機会を取り入れたHWを課したことであった。さらには，訓練場面は，校内の一室であり，教室場面に似せたセッティングで行われ，プログラム内容は，日本において同年代の定型発達児に実施されているものを参考にした。これらの工夫の結果，SSTを行った後は，放課後にA児が遊びにいく回数が増えた。教員による社会的スキルの評価（「働きかけ」，「学

第7章　総合考察　79

業」,「自己コントロール」,「仲間強化」,「規律性」「総得点」)が上昇していた。また,1ヶ月後のフォローアップ時においては,「自己コントロール」,「働きかけ」,「仲間強化」「総得点」の得点が上昇していた。1ヶ月後のフォローアップセッションでは,放課後に友だちのところに遊びに行く割合は維持されていた(22%：放課後遊んだ日数／学校がある日×100)。

　第6章では,ASD児に対するSSTとPTを含めた「獨協なかまプログラム」を開発し,学校や家庭での子どもの行動が改善するか,親のストレスや自己効力感に改善が認められるかについて検討した。プログラム内容は,第5章で使用されたものを参考に作成された。第4章の結果から,ASD児は,「自分から仲間に入るスキル」が非常に乏しいことが明らかとなった。このスキルを取得するに至って,仲間に入れてもえる等のポジティブな結果が得られる環境が必要である。そのため,仲間関係を維持するスキルを先に組み込んだ。また,仲間に入れるようになった後,自由に主張できないと,入ることへの苦痛生じてしまうため,主張するためのスキルもプログラムに組み込まれた。プログラムの効果を上げるための工夫は,第5章より引き継がれ,集団のプログラムを開発した。さらに,親も巻き込み,SSTとともにPTを実施するプログラムを開発した。その結果,親の心理的ストレス反応の減少が見られ,ASD児においても,コミュニケーション行動の改善が認められた。また,人の声や表情の変化などの気づきはSST後に改善が見られ,頑固で融通がきかない行動パターンはPT後に改善がみられた。一方で,教師評定に変化が見られなかったため,今後,サンプルサイズを増やして検討することが必要であると考えられた。

第2節　本研究の限界と課題

第1項　エビデンスレベルの高い治療デザインの必要性

　心理療法におけるエビデンスの階層から考えると（Figure 7-1），一番エビデンスレベルが高いものがメタ分析である。次に，ランダム化比較試験，その他の比較試験，一事例実験デザイン，観察研究，データを伴わない事例報告，臨床経験，専門家の意見と続く。つまり，第5章で行われた症例研究では，「データを伴わない事例報告」にあたり，第6章で行われた研究は，「その他の比較試験」に該当する。本研究で開発されたプログラムは，研究が進み，「ランダム化比較試験」や「メタ分析」が行われれば，プログラムの効果が明白となるであろう。併せて，般化効果，維持効果も検討していく必要がある。さらに，長期的な効果について検討し，二次障害を引き起こす可能性を低下させることができているのか，検討できるとよいであろう。

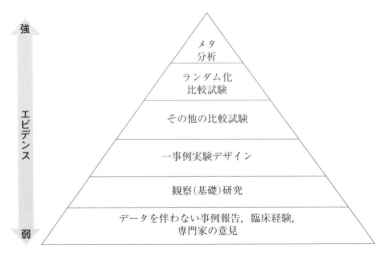

Figure 7-1　エビデンスの信頼性に関する階層

第2項　ASD児・者における社会的スキルのナチュラルヒストリー

　ASD児・者が全員，SSTを必要とするのであろうか。筆者は，全員必要としているとは限らないと考えている。ASD児・者の中には，人の動きに敏感でよく観察している群も存在しており，必要とする技術についての理解を得ている人たちも存在すると考えるからである。どのようなASD児・者がSSTを必要とするのか，どのようなタイプがSSTを実施しなくても自然と身に着けることができるのかについての研究が引き続き必要であると考える。

第3項　日本人の文化に特化したプログラム

　Laugeson et al. (2012) のSSTプログラムは，効果的であるが，標的スキルの中には，「パーティーでのホストを務める」が入っている。パーティーでのホストを務めるスキルは，日本においてはあまり必要とされず，海外で開発されたプログラムを日本に導入するには，文化的な相違を加味する必要があると考える。例えば，欧米において，「相手の服装や良いところを褒める」というのがあいさつの技術として考えられるが，日本においては，やたら「相手を褒める」という行動は，"軽い人"という印象を与えかねない。海外と比べて，日本は，気持ちを言葉に出すという文化ではなく，"気持ちを察する"ということに重きを置かれる文化である。ASD児・者としては，生きにくい社会であると考えられるが，一方で，あまり"主張しない"としても，悪い評価を受けにくいといった点では有利であるかもしれない。日本社会で受け入れやすい社会的スキルとして，"聞き上手"なだけであっても，和を保てる可能性がある。海外のプログラムをそのまま，導入するのではなく，日本で行われてきた定型発達児のSSTを参考に開発された本研究のプログラムは有意義である。一方で，このように日本の文化で必要とされる社会的スキルに関する調査や欧米との違いに関しても明らかにされる必要があ

る。

第4項　感情問題への対応

　第2項でも述べたが，筆者は全ての ASD 児・者に SST が必要であると
は考えていない。社会的スキルの知識について持ってはいるものの，感情問
題のために発揮できていないタイプの ASD 児・者も存在すると考えてい
る。例えば，van Steensel et al., (2011) は，メタ分析を行い18歳以下の ASD
の若者2,121の39.6％に少なくとも1つの不安障害の合併があることを報告し
た。中でも，1位が特定の恐怖症 (29.8％)，OCD (17.4％)，SAD (16.6％) で
あった。このように，ASD 児・者と精神疾患は関連が深く，感情問題に対
する心理療法が必要である場合が多いと考える。必ずしも全員が SST を必
要とするのではなく，必要に応じて，不安やうつ，こだわり，怒りに対する
プログラムも提供されることが大切である。

第3節　結　　語

　文部科学省が平成24年に実施した「通常の学級に在籍する発達障害の可能
性のある特別な教育的支援を必要とする児童生徒に関する調査」の結果で
は，発達障害の可能性がある児童生徒が，約6.5％程度の割合で通常の学級
に在籍しているという調査結果であった (文部科学省, 2012)。6.5％という割
合は，1クラス30名とすると，おおよそ2名いることとなる。このような調
査の結果を踏まえ，日本において“発達障害児への支援”を受けられる場が増
えてきている。発達支援センター，療育センターなど，自治体ベースの支援
場所から，現在は，民間企業や法人による児童デイサービスなど，福祉方面
からと，ASD 児の教育・療育場所が増加している。
　そのような支援の場所から，ASD 児の“ソーシャルスキルの向上”に関す
る支援のニーズは高い。その一方で，“効果的な方法”については，不明瞭な

点が大きい。本研究において，ソーシャルスキルを向上するための効果的な方法が，確立されれば，啓蒙活動，普及を行うことで，広めることができる。

引 用 文 献

Aman, M. G., McDougle, C. J., Scahill, L., Handen, B., Arnold, L. E., Johnson, C., Stigler, K. A., Bearss, K., Buttre, E., Swiezy, N. B., Sukhodolsky, D. D., Ramadan, Y., Pozdol, S., Nikolov, R., Lecavalier, L., Kohn, A. E., Koenig, K., Hollway, J. A., Korzekwa, P., Gavaletz, A., Mulck, J. A., Hall, K. L., Dziura, J., Ritz, L., Trollinger, S., Yu, S., Vitiello, B., & Wagner, A. (2009). Medication and parent training in children with pervasive developmental disorders and serious behavior problems: results from a randomized clinical trial. *Journal of the American Academy of Child & Adolescent Psychiatry, 48,* 1143-1154.

American Psychiatric Association (2000). Diagnostic and statistical manual of mental disorders, 4th ed., text revision (DSM-IV-TR). Washington, DC: Author.

American Psychiatric Association (2013). Diagnostic and statistical manual of mental disorders. 5th ed., (DSM-5). Washington, DC: Author.

Antshel, K. M., Polacek, C., McMahon, M., Dygert, K., Spenceley, L., Dygert, L., Miller, L., & Faisal, F. (2011). Comorbid ADHD and anxiety affect social skills group intervention treatment efficacy in children with autism spectrum disorders. *Journal of Developmental & Behavioral Pediatrics, 32,* 439-446.

Asperger, H. (1944). Die "Autistischen Psychopathen" im Kindesalter. *Archiv für Psychiatrie und Nervenkrankheiten, 117,* 76-136.

Baird, G, Simonoff, E, Pickles, A, Chandler, S, Loucas, T, Meldrum, D, & Charman, T. (2006). Prevalence of disorders of the autism spectrum in a population cohort of children in South Thames: the Special Needs and Autism Project (SNAP). *Lancet, 368,* 210-215.

Barnhill, G. P., Cook, K. T., Tebbenkamp, K., & Myles, B. S. (2002). The effectiveness of social skills intervention targeting nonverbal communication for adolescents with asperger syndrome and related pervasive developmental delays. *Focus on Autism and Other Developmental Disabilities, 17,* 112-118.

Baron-Cohen, S., Scott, F. J., Allison, C., Williams, J., Bolton, P., Matthews, F. E., & Brayne, C. (2009). Autism spectrum prevalence: A school-based U.K. population study. *British Journal of Psychiatry, 194*(6), 500-509.

Beaumont, R., & Sofronoff, K. (2008). A multi-comporment social skills intervention for children with asperger syndrome: the junior detective training program. *Journal of Child Psychology and Psychiatry. 49*, 743-753.

Bellini, S., & Peters, J., Benner, L., Hope, A. (2007). A meta-analysis of school-based social skill interventions for children with autism spectrum disorders. *Remedial and Special Education, 28*, 153-162.

Church, C., Alisanski, S., & Amanullah, S. (2000). The social, behavioral, and academic experiences of children with Asperger syndrome. *Focus on Autism and Other Developmental Disabilities, 15*(1), 12-20.

Cohen, J. (1988). *Statistical power analysis for the behavioral sciences. 2nd ed.* Philadeiphia: Lawrence Erlbaum Associates.

Constantino, J. N., & Gruber, C. P. (2005). *The Social responsiveness scale (SRS) manual.* Los Angeles (CA): Western Psychological Services.

道城 裕貴・野田 航・山王丸 誠 (2008). 学校場面における発達障害児に対する応用行動分析を用いた介入研究のレビュー：1990-2005　行動分析学研究，*22*, 4-16.

Dunn, M. E., Burbine, T., Bowers, C. A., & Tantleff-Dunn, S. (2001). Moderators of stress in parents of children with Autism. *Community Mental Health Journal, 37*, 39-52.

Dymond, S., Clarke, S., Dunlap, G., & Steiner, M. (2000). International publication trends of JABA authorship. *Journal of Applied Behavior Analysis, 33*, 339-342.

繪内 利啓・宮前 義和・馬場 広充・坂井 聡・小林 壽江・植松 克友・西村 健一・佐藤 宏一・金崎 知子・玉井 昌代・杉山 愛・馬場 恵子・丸峯 良子・水嶋 由紀・田中 栄美子 (2005). LD，ADHD 及び高機能自閉症児のための SST プログラム開発：平成16年度学部研究開発プロジェクト　香川大学教育実践総合研究，*11*, 125-39.

Ervin, R. A., Radford, P. M., Bertsch, K., Piper, A. L., Ehrhardt, K. E, & Poling, A. (2001). A descriptive analysis and critique of the empirical literature on school-based functional assessment. *School Psychological Review, 30*, 193-210.

Field, A., & Hole, G. (2003). *How to design and report experiments.* London: Sage Publications.

Fisher, M., & Meyer, L. H. (2002). Development and social competence after two years for students enrolled in inclusive and self-contained educational programs. *Research and Practice for Persons with Severe Disabilities, 27*, 165-174.

Frankel, F., Myatt, R., Suger, C., Whitham, C., Gorospe, C. M., & Langeson. E. A., (2010). A randomized controlled study of parent-assisted Children's Friendship Training with children having autism spectrum disorders. *Journal of Autism and Developmental Disorders, 40*, 827-842.

福島 佐千恵・疋田 祥子・原田 謙・小林 正義（2010）．広汎性発達障害児に対するソーシャルスキルトレーニングプログラムの有効性の検討　作業療法, *29*, 152-160.

藤川 洋子（2009）．発達障害と少年非行　障害者問題研究, *37*(1), 39-45.

Ghaziuddin, M., & Zafar, S. (2008). Psychiatric comorbidity of adults with autism spectrum disorders. *Clinical Neuropsychiatry, 5*, 9-12.

Gresham, F. M., & Elliott, S. N. (1990). *Social skills training system manual*. Circle Pines, MN: American Guidance Service.

Gresham, F. M., Sugai, G., & Horner, R. H. (2001). Interpreting outcomes of social skills training for students with high-incidence disabilities. *Teaching Exceptional Children, 67*, 331-344.

Gutstein, S. E., & Whitney, T. (2002). Asperger syndrome and the development of social competence. *Focus on Autism and Other Developmental Disabilities, 17*, 161-171.

Herbrecht, E., Poustka, F., Birnkammer. S., Duketis. E., Schlitt. S., Schomötzer. G., & Bölte. S. (2009). Pilot evaluation of the furankfurt social skills training for children and adolescents with autism spectrum disorder. *European Child and Adolescent Psychiatry, 18*, 327-335.

Hopkins, I. M., Gower, M. W., Perez, T. A., Smith, D. S., Amthor, F. R., Wimsatt, F. C., & Biasini, F. J. (2011). Avatar assistant: improving social skills in students with an ASD through a computer-based intervention. *Journal of Autism and Developmental Disorders, 41*, 1543-1555.

堀野 明美（2009）．ユースセルフレポート（YSR）と自閉症スペクトラム指数（AQ）による非行少年の情緒・問題行動特徴　阪市医誌, *58*, 85-92.

磯部 美良・佐藤 正二・佐藤 容子・岡安 孝弘（2006）．児童用社会的スキル尺度教師評定版の作成　行動療法研究, *32*, 105-115.

神尾 陽子・辻井 弘美・稲田 尚子・井口 英子・黒田 美保・小山 智典・宇野 洋太・奥寺 崇・市川 宏伸・高木 晶子（2009）．対人応答性尺度（Social Responsiveness Scale; SRS）日本語版の妥当性検証　広汎性発達障害日本自閉症協会評定尺度

（PDD-PARS）との比較　精神医学, *51*, 1101-1109.

Kanner, L.（1943）. Autistic disturbances of affective contact, *Nervous Child, 2*, 217-250.

Knott, F., Dunlop, A. W., & Machay, T.（2006）. Living with ASD, *Autism, 10*, 609-617.

近藤　直司・清田　吉和・北端　裕司（2010）.　思春期ひきこもりにおける精神医学的障害の実態把握に関する研究　厚生労働科学研究費補助金こころの健康科学研究事業「思春期のひきこもりをもたらす精神科疾患の実態把握と精神医学的治療・援助システムの構築に関する研究」（主任研究者　齊藤万比古）

樫尾　麻里・中野　良顯・上野　智美（2006）.　自閉症の小学生に対する小集団ソーシャルスキル訓練の効果の分析　上智大学心理学年報, *30*, 51-60.

Kim, Y., Leventhal, B., Koh, Y., Fombonne, E., Laska, E., Lim, E., Cheon, K., Kim, S., Kim, Y., Lee, H., Song, D., & Grinker, R.（2011）. Prevalence of autism spectrum disorders in a total population sample. *The American Journal of Psychiatry, 168*, 904-912.

小林　裕子・佐久間　美百・山田　浩平（2013）.　中学生のソーシャル・スキルと攻撃受動性および心理的リアクタンスとの関連　愛知教育大学保健環境センター紀要, *12*, 53-60.

Langeson, E. A., Frankel, F., Gantman, A., Dillon, A. R., & Mogil, C.（2012）. Evidence-Based Social Skills Training for Adolescents with Autism Spectrum Disorders: The UCLA PEERS Program. *Journal of Autism and Developmental Disorders, 42*, 1025-1036.

Langeson, E. A., Fred, F., Mogil, C., & Dillon, A. R.（2009）. Parent-assisted social skills training to improve friendships in teens with autism spectrum disorders. *Journal of Autism and Developmental Disorders, 39*, 596-606.

Lehnhardt, F.G., Gawronski, A., Volpert, K., Schilbach, L., Tepest, R., & Vogeley, K.（2012）. Psychosocial functioning of adults with late diagnosed autism spectrum disorders-a retrospective study. *Fortschritte der Neurologie-Psychiatrie, 80*, 88-97.

Macintosh, K., & Dissanayake, C.（2006）. Social skills and problem behaviours in school aged children with high functioning autism and Asperger's disorder. *Journal of Autism and Developmental Disorders, 36*(8), 1065-1076.

松元　由紀子（2000）.　中学生の主観的 Quality of life と学校不適応感の関連　早稲田大学大学院人間科学研究科平成12年度修士論文.

https://www.waseda.jp/fhum/ghum/research/theses/ ［閲覧日：2009年 8 月］

文部科学省初等中等教育局特別支援教育課（2012）．通常の学級に在籍する発達障害の可能性のある特別な教育的支援を必要とする児童生徒に関する調査結果について．

中村 和彦（2013）．自閉症の生物学的研究は，いま　そだちの科学，*21*, 14-20.

中西 陽・石川 信一（2014）．自閉的特性を強く示す中学生の社会的スキルと学校適応　心理臨床科学，*4*(1), 3-11.

National Autism Center. (2009). *National standards project findings and conclusions.* Randolph, MA: Author.

National Institute of Mental Health. (2004). *Autism spectrum disorders (Pervasive developmental disorders).* Washington, DC: U.S. Government Printing Office.

野口 美幸・佐藤 容子（2004）．発達的リスクをもつ幼児に対するソーシャル・スキル・トレーニング　LD 研究，*13*, 163-71.

Oden, S., & Asher, S. R. (1977). Coaching children in social skills for friendship making. *Child Development, 48*, 495-506.

Odom, S. L., Collet-Klingenberg, L., Rogers, S., & Hatton, D. (2010). Evidence-based practices for children and youth with autism spectrum disorders. *Preventing School Failure, 54*, 275-282.

岡田 智（2013）．指導のためのソーシャル・スキル尺度作成の試み—社会的コンピテンスの視点からの LD 支援　LD 研究，*12*, 56-64.

岡田 智・後藤 大士・上野 一彦（2005a）．ゲームを取り入れたソーシャルスキルの指導に関する事例研究—LD，ADHD，アスペルガー症候群の 3 事例の比較検討を通して—　教育心理学研究，*53*, 565-578.

岡田 智・後藤 大士・上野 一彦（2005b）．アスペルガー症候群へのソーシャルスキルの指導—社会的認知の向上とスキルの定着化をめざして—　LD 研究，*14*, 153-162.

岡安 孝弘・高山 巌（1999）．中学生用メンタルヘルス・チェックリスト（簡易版）の作成　宮崎大学教育学部教育実践研究指導センター研究紀要，*6*, 73-84.

奥野 小夜・納富 恵子（2007）．高機能自閉症児へのコンピューター学習を動機づけとしたソーシャルスキルトレーニングに関する研究　LD 研究，*16*, 136-144.

大月 友・青山 恵加・伊波 みな美・清水 亜子・中野 千尋・宮村 忠伸・杉山 雅彦（2006）．アスペルガー障害をもつ不登校中学生に対する社会的スキル訓練—社会的相互作用の改善を目指した介入の実践—　行動療法研究，*32*, 131-155.

Puleo, M., & Kendall, C. (2011). Anxiety disorders Typically developing youth: Autism spectrum symptoms as a predictor of cognitive-behavioral treatment. *Journal of Autism developmental Disorderds, 41,* 275-286.

Ramsay, J.R., Brodkin, E. S., Cohen, M. R., Listerud, J., Rostain, A. L., & Ekman, E. (2005). "Better strangers": Using the relationship in psychotherapy for adult patients with Asperger Syndrome. *Psychotherapy, 42,* 483-493.

Ratcliffe, B., Wong, M., Dossetor, D., & Hayes, S. (2015). The association between social skills and mental health in school-aged children with autism spectrum disorder, with and without intellectual disability. *Journal of Autism and Developmental Disorders, 45,* 2487-96.

Rao, P., A., Beidel, D., C., & Murray, M., J. (2008). Social skills interventions for children with Asperger's syndrome or high-functioning autism: A review and recommendations. *Journal of Autism and Developmental Disorders, 38,* 353-361.

Reichow, B., Steiner, A. M., & Volkmar, F. (2012). Cochrane review: Social skills groups for people aged 6 to 21 with autism spectrum disorders (ASD). *Evidence-Based Child Health, 7,* 266-315.

佐藤 正二・佐藤 容子・高山 巖 (1998). 引っ込み事案児の社会的スキル訓練―長期維持効果の検討― 行動療法研究, *24,* 71-83.

嶋田 洋徳 (1998). 小中学生の心理的ストレスと学校不適応に関する研究 風間書房.

曽山 和彦・本間 恵美子・谷口 清 (2004). 不登校中学生のセルフエスティーム, ソーシャル・スキルがストレス反応に及ぼす影響 特殊教育学研究, *42,* 23-3.

Stewart, K. K., Carr, J. E., & LeBlanc, L. A. (2007). Evaluation of family-implemented behavioral skills training for teaching social skills to a child with Asperger's disorder. *Clinical Case Studies, 6,* 252-262.

鈴木 伸一・嶋田 洋徳・三浦 正江・片柳 弘司・右馬埜 力也・坂野 雄二 (1997). 新しい心理的ストレス反応尺度 (SRS-18) の開発と信頼性・妥当性の検討 行動医学研究, *4,* 22-29.

髙橋 高人・岡島 義・坂野 雄二 (2010). 中学生における不安と抑うつ, そしてその双方が高い児童のソーシャル・スキルの特徴 児童青年精神医学とその近接領域, *51,* 1-9.

田坂 一子 (2003). 育児自己効力感 (parental self-efficacy) 尺度の作成 甲南女子大学大学院論集創刊号. 人間科学研究編. 1-10.

戸ヶ崎 泰子・秋山 香澄・嶋田 洋徳他 (1995). 中学生の社会的スキルが友人関係と

学校不適応感に及ぼす影響　教育心理学会総会発表論文集，*37*, 557.

戸ヶ崎 泰子・岡安 孝弘・坂野 雄二（1997）．中学生のソーシャル・スキルと学校ストレスとの関係　健康心理学研究，*10*, 23-32.

漆畑 輝映・加藤 義男（2003）．思春期高機能広汎性発達障害者の学校不適応について　岩手大学教育学部附属教育実践センター研究紀要，*2*, 191-201.

van Steensel, F. A., Bogels, S. M., & Perrin, S. (2011). Anxiety disorders in children and adolescents with autistic spectrum disorders: A meta-analysis. Clinical Child and Family Psychology Review, *14*, 302-317.

Venter, A., Lord, C., & Schopler, E. (1992). A follow-up study of high-functioning autistic children. *Journal of Child Psychology & Allied Disciplines, 33*, 489-507.

Vickerstaff, S., Heriot, S., Wong, M., Lopes, A., Dossetor, D. (2007). Intellectual ability, self-perceived social competence, and depressive symptomatology in children with high-functioning autistic spectrum disorders. *Journal of Autism and Developmental Disorders, 37*, 1647-64.

若澤 友行・田村 典久・永谷 貴子・牧野 恵里・面本 麻里・寺井 アレックス大道・大月 友（2011）．自閉症スペクトラム障害をもつ児童・生徒に対する社会的スキル訓練—訓練効果と社会的妥当性に関する検討—　行動療法研究，*37*, 91-103.

White, S. W., Keoning W., & Scahill L. (2007). Social skills development in children with autism spectrum disorders: A review of the intervention research. *Journal of Autism and Developmental Disorders, 37*, 1858-1868.

Whitehouse, A. J., Durkin, K., Jaquet, E., & Ziatas, K. (2009). Friendship, loneliness and depression in adolescents with Asperger's syndrome. *Journal of Adolescence, 32*, 309-22.

Wing, L. (1981). Asperger's syndrome: A clinical account. *Psychological Medicine, 11* (1), 115-129.

Wing, L. (1997). The autistic spectrum. *Lancet, 350*, 1761-1766.

Wing, L., & Gould, J. (1979). Severe impairments of social interaction and associated abnormalities in children: Epidemiology and classification. *Journal of Autism and Developmental Disorders, 9*, 11-29.

Wong, C., Odom, S. L., Hume, K. A., Cox, A. W., Fettig, A., Kucharczyk, S., Brock, M. E., Plavnick, J. B., Fleury, V. P., & Schultz, R. (2015). Evidence-Based Practices for Children, Youth, and Young Adults with Autism Spectrum Disorder: A Comprehensive Review. *Journal of Autism and Developmental Disorders. 45,*

1951-66.

World Health Organization.（1992）. *International classification of diseases (10th ed.).* Geneva, Switzerland: Author.

吉田　裕彦・井上　雅彦（2008）．自閉症児におけるボードゲームを利用した社会的スキル訓練の効果　行動療法研究, *34,* 311-323.

あとがき

　本書は，平成26年（2014）度に山梨大学大学院医学工学融合領域人間環境医工学専攻に提出した博士（医科学）学位申請論文「自閉症スペクトラム障害児に対する社会的スキル訓練・親訓練の効果～「獨協なかまプログラム」開発のための予備的研究～」を執筆するにあたり，関連のある一連の研究をまとめたものです。この博士論文を完成させるまでに，非常に多くの方々のご指導とご協力をいただきました。

　第2章「自閉スペクトラム症児への社会的スキル訓練の現状と課題」は，早稲田大学学術院の鈴木伸一先生にご指導いただき，完成させることができました。この章は，2013年11月に「通常学級に在籍する自閉症スペクトラム障害児に対する社会的スキル訓練―欧米との比較による日本における現状と課題―」という題で，『子どもの心とからだ』第22巻，第3号，183-188頁にて発表されました（共同著者：鈴木伸一）。臨床心理士を取って間もない筆者に，臨床指導と共に研究指導をしてくださった鈴木伸一先生には，心より感謝申し上げます。現在の筆者の心理士としての価値観，研究者としての心構えの礎を築いて下さいました。

　第4章「自閉スペクトラム症児の社会的スキル」は，埼玉県内の中学校，および獨協医科大学埼玉医療センターにご協力いただき，完成させることができました。大学院修士課程を修了し，臨床活動も駆け出しの時期であった筆者でしたが，研究が臨床に還元できる内容であるとご賛同いただき，協力に快諾いただくことができました。獨協大学埼玉医療センター子どものこころ診療センター長の作田亮一先生は，臨床や研究，重要なものに取り組む強い意志に感銘を受けました。金谷梨恵先生，吉富裕子先生，加藤典子先生には，研究を進めていく上で，粘り強く，熱心に支えていただきました。本当

に感謝申し上げます。この第4章は，2017年2月に『脳と発達』第2巻，49号，120-125頁にて発表されました（共同研究者：加藤典子・吉富裕子・金谷梨恵・作田亮一）。また，幸運なことにこの研究には，公益財団法人日本科学協会笹川科学研究助成（実践研究部門）からの助成をいただくことができました。

　第5章「自閉スペクトラム症児に対する社会的スキル訓練の適応─症例研究を通して─」は，早稲田大学学術院の鈴木伸一先生に臨床指導・助言頂いた症例についてまとめたものです。この症例は，2009年に韓国の釜山で行われた行動療法コロキウムにて，発表させていただきました。その際，同志社大学の谷晋二先生に指定討論をしていただきました。鋭い指摘に，憧れと尊敬を感じ，谷晋二先生の指導を受けて，2010年9月に「通常学級に在籍する自閉症スペクトラム障害児に対する社会的スキル訓練〜般化効果・維持効果に焦点をあてて〜」と題して『行動療法研究』第36巻，第3号，243-244頁にて発表されました。（共著者：岡島純子・谷晋二・鈴木伸一）。改めて，鈴木伸一先生，谷晋二先生の鋭い指摘と厳しい指導に感謝申し上げます。先生方の様に，目標水準を常に高く抱き，精進していきたいと思います。

　第6章「自閉スペクトラム症児に対する社会的スキル訓練・親訓練を含めたプログラムの効果検討」では，国立精神・神経医療研究センターの神尾陽子先生，山梨大学医学部（山梨大学医学工学総合研究部）の高橋伸高先生にご指導頂いた博士論文を加筆・修正致しました。指導を快く引き受けていただいただけでなく，とても丁寧にご指導をいただき，心より感謝申し上げます。この章の内容は，『自閉症スペクトラム障害児に対する社会的スキル訓練・親訓練の効果〜「獨協なかまプログラム」開発のための予備的研究〜』と題して，『子どもの心とからだ』23巻，1号，49-57頁にて発表されました。この研究を進めるにあたり，獨協医科大学埼玉医療センターの加藤典子先生，吉富裕子先生，大谷良子先生，作田亮一先生には，手厚い支援をいただきました。大変感謝申し上げます。また，慶應義塾大学の山本淳一先生に

は，プログラム内容の監修とともにプログラム内での子どもの対応に関する
スーパーバイズをいただきました。多大なるご支援，誠にありがとうござい
ます。

第6章の研究も幸運なことに，2012年に公益財団法人臨床心理士認定協会
より「広汎性発達障害児への社会的スキル訓練・親訓練の効果～子どもの心
診療拠点病院としての子どもと親への支援プログラムの開発～」をテーマと
して，助成いただきました。さらに，三菱財団助成（福祉分野）からは，「自
閉症スペクトラム障害児への親子プログラムの開発―維持効果の検討―」を
テーマとして，助成いただくことができました。これらの助成金を基に研究
を実現させることができました。大変感謝申し上げます。プログラムの補助
をしていただいた慶應義塾大学，駒澤大学，早稲田大学の学生の皆様，文教
大学大学院，早稲田大学大学院の大学院生の方々には大変感謝申し上げま
す。

最後になりましたが，これら一連の研究を行うにあたり，家族の理解と支
援は多大なものでした。本当にありがとうございます。

令和元年5月吉日

岡島純子

SST の実施方法に関する資料

SSTの実施方法

SSTセッション初回で行うこと

　この教室でどんなことを学ぶのか、初回に整理することは、参加へのモチベーションを高めるために非常に重要です。親や教師がみて、「この子には、ソーシャルスキルを身に着ける必要がある」と感じることはよくあります。しかし、当の本人は、その必要性を感じていない場合も少なくはありません。一方で、ちょっと気になる子にとっては、児童期は、「何だか、うまくいかない」「なんで、避けられているのかわからない」ため、「私のことなんて、嫌いなんだ」「いじめられる」といった思いを持つことがよくあります。大人側が必要であると思う一方、子どもが「何かうまくいかない」と感じていることを大切にして、すすめる必要があります。このプログラムでは、子どもが感じている気持ちに寄り添って、子どもの視点で、ソーシャルスキルを学ぶことのメリットを感じ、実行することのメリットを体験することに重点を置いています。そこで、子どもの視点から、この教室で学ぶことを、初回に整理します。

構　成	使用教材の例	内　容
導入 ぼく（わたし）は 何のために ここにきているの？？ 所要時間：10分 準備物：ワークシート ・掲示物（ワークシート） 　を大きくしたもの） ・選択肢たんざくシール		この教室で、どんなことをしていくのか整理します。ワークシートを用いて、「ともだちがいてよかった」と思う時を考えます。この時点で、どのようなことを書いてよいのかわからない児童がいるため、スタッフは、「どんな時だろうね？ゲーム好き？ともだちとゲームするときとか？」などと、プロンプトを提示して、書くことを支援します。言葉のみのプロンプトで、なかなか書けない児童の場合は、選択肢たんざくシールを使用します（使用方法は下記参照）。「ともだちがもっとふえたら、いいな」と思いますかという質問に、「おもわない」と回答する児童もいるが、児童の気持ちを尊重し、修正や訂正はしません。一方で、「困ったときに助けてもらえるのはいいことなので、そういう人がいるといいね」というように整理します。どのようにしたら、もっとともだちが増えるもしくは、維持できるかを考え、この教室でその方法を考えていくという目的を伝えます。

選択肢たんざくシールの例と使用方法

　この教室では、上記の導入部分でも"「ともだちがいてよかった」とおもうときは、どんなときですか"というように、自由回答をさせる質問や、相手の気持ちについて考えるといったような、想像力が求められる質問に回答していく場面が多くあります。このような自由回答を求められると児童、「何を答えてよいかわからない」という反応を見せる子どもが多くいます。そこで、それぞれの質問に対して、想定される回答のシールを作成している。児童がかけない場合は、シールを見て、該当するものがないか確認します。さらに、シールを見てもかけない場合は、シールを貼ります。シールを貼らない場合は、シールをはがしてもらうといったように、児童ができることを見極め、行動が生起したら、褒め、段階的にサポートします。

選択肢たんざくシールの例

けしゴムをかしてもらったとき

きょうかしょをみせてもらったとき

いっしょにサッカーをしているとき

1 上手な自己紹介のしかた

構　成	使用教材の例	内　容
① インストラクション なんでするの？ なにするの？ 所要時間：10分 準備物：ワークシート ・掲示物（ワークシート）を大きくしたもの ・選択肢たんざくシール		なぜ、自己紹介が必要なのか、ワークシートを用いて、検討します。初対面の人たちがどのような気持ちになるのかについて考えます。自己紹介することで、「自分のことを相手が知ることで、どんな人か理解でき、安心する」ことや、「話しかけやすく、遊びやすくなったりする」ことを確認します。 初めて会ったり、話したりするときには、相手に自分のことを紹介する必要性を理解し、"この後、「上手な自己紹介のしかた」を練習する"ことを参加児童と共有します。
② モデリング どうすればいいの？？ 所要時間：10分 準備物：・モデリングシナリオ1 ・掲示物（ポイント） ・ポイントたんざくシール		「上手な自己紹介」とは、どのようにすればよいかについて子どもと考えます。これから行う2つの例を見て、どんな自己紹介がよいのか、みんなで考えます。 ＜モデリングシナリオ　1＞ 【悪い例】 　T2：下を向き、参加児童の方に体をむけず、小さな声で「私の名前は、●●です、よろしくおねがいします」と言う。 【良い例】 　T1：子どもの方を見て、参加児童の方に体を向け、聞こえる声で「私の名前は、●●です、よろしくおねがいします」と言う。 2つの例をみて、どちらがよかったか、具体的にどこが違っていたのかを探し、ワークシートに記載してもらいます。言葉だけでなく、行動の違いにも焦点をあてます。2つの例の違いについて、発表を通して、「上手な自己紹介のしかた」に必要な言葉と行動をポイントとして整理します。

悪い例
目線下
体が正面を向いていない
声が小さい

良い例
体を正面を向ける
みんなの方に目線をむける
みんなに聞こえる声で

ことばの ポイント	わたしの名まえは、「　　」です
	「　　」年生です
	すきなきょうかは、「　　」です
	よろしくおねがいします
からだの ポイント	あいてのほうを　みる
	あいてに　からだを　むける
	みんなに　きこえる　こえではなす

構　成	使用教材の例	内　容
行動リハーサル 頭ではわかったけど やってみないとできない・ & **フィードバック** やってみたけど、きちんとできたかな？あってるかな？自信がほしい 所要時間：15分 準備物：リハーサル・フィードバックシナリオ1		参加児童を2～4人のグループに分け、ロールプレイを行います。具体的に良かったところを伝え、褒めます（フィードバック）。褒める際の工夫として、グループの児童に良かったところ聞き、児童に賞賛してもらいます。ロールプレイをしたスタッフがどんな気持ちになったか伝え、スキルを実行することのメリットを理解できるように促します。リハーサルが終わったら、みんなの前で発表します。 ＜リハーサル・フィードバックシナリオ1＞ ① では、このメンバーで練習しましょう。では、先生からまず、上手な自己紹介をしてみますね。みなさん、どうでしたか。 ② それでは、「○○さん、やってみましょう」。見ている人はどこがよかったか、見ていてくださいね。「はい、スタート」。 ③ 「はい。とても上手にできていましたね、どうだった？」と見ている児童に声をかける。もし、発言がない場合は、「体の向きはどうだった？」、「ポイントはどうだった」と掲示物を指さす等、プロンプトを提示します。ポイントについて見て、できているところを褒める。さらに、表情など、個別に良いと思われるところも褒める。 ④ 「とても上手にできると、自己紹介してくれた人のことがよくわかりますね。ポイントを守ってできると、自己紹介をしてもらった人が良い気持ちになることをフィードバックする。
定着化 トレーニングではできたけど、実際のクラスではできないよ・・・ 所要時間：30分 準備物：【準備物】 ・掲示物（インタビューゲーム） ・1回目　絵カード（1/2カード） ・2回目　絵カード（1/4カード易） ・3回目　絵カード（1/4カード難）	インタビューゲーム ① 先生からカードをもらう カードには、絵がはんぶんかかれています。 ぴったりあうようにもうはんぶんの絵をもっているひとをさがしましょう。 ②先生のことばをまつ 「インタビューをはじめてください」といわれたら、せきからたち、インタビューをはじめてください。 ③友だちへのききかた 1. じこしょうかいをします 2. 友だちのもっているカードをききます ④はんぶんのえをもっているともだちをみつけたらふたりでいっしょにまえにいるせんせいのところにきてください 	掲示物を読み上げ、ゲームの説明を行います。自己紹介をして、見せて下さいと言われてから、自分の持っているカードをみせるように伝えます。ゲームが始まり、自己紹介ができていたら、よかった点をポイントに沿ったり、ポイント以外（優しい表情だった等）について気付いたことがあれば、褒めましょう。

2 上手な話の聞き方

構　成	使用教材の例	内　容
② インストラクション なんでするの？ なにするの？ 所要時間：10分 準備物：ワークシート ・掲示物（ワークシート）を大きくしたもの ・選択肢たんざくシール	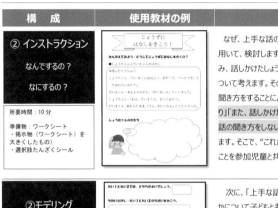	なぜ、上手な話の聞き方が必要なのか、ワークシートを用いて、検討します。「しょうたくんとだいくん」の話を読み、話しかけたしょうたくんがどのような気持ちになるのかについて考えます。そのようなワークを通して、じょうずな話の聞き方をすることによって、「相手が嬉しい気持ちになったり」「また、話しかけたいという気持ちになること」やじょうずな話の聞き方をしないと、相手が不快に感じることを確認します。そこで、"これから「上手な話の聞き方」を練習する"ことを参加児童と共有します。
②モデリング どうすればいいの？？ 所要時間：10分 準備物：モデリングシナリオ2 ・掲示物（ポイント） ・選択肢たんざくシール ・ポイントたんざくシール	  おはよう。昨日、テレビでやってたお笑いチャンネル見た？	次に、「上手な話の聞き方」とは、どのようにすればよいかについて子どもと考えます。これから行う2つの例を見て、どんな話の聞き方がよいのか、みんなで考えます。 ＜モデリングシナリオ2＞ 【場面】学校に行く途中に、T1がT2に近づき、声をかける。T2は、本をみながら歩いている。 【悪い例】T1：「T2おはよう，きのうさ，テレビでやってたお笑いみた？」T2：本をよみながら，「見てない」と小声で言う。T1：「ねえ，T2，きいてるの？」T2：本をみたまま，「うん，きいてるよ」とこたえました。 【良い例】T1：「T2おはよう，きのうさ，テレビでやってたお笑いみた？」T2：本を読むのを止め，T1の方に体をむけ，目を見て，「T1，おはよう」。「昨日，テレビ見てないんだ」T1：「昨日，○○やてたよ」T2：T1の方に体をむけ，目を見て，「へー」という。T1：「○○やってたよー！」T2：T1の方に体をむけ，目を見て，「へー」という 2つの例をみて、どちらがよかったか、 具体的にどこが違っていたのかを探し、ワークシートの「ちがいさがし」に記載してもらいます。言葉だけでなく、行動の違いにも焦点をあてます。2つの例の違いについて、発表を通して、「上手な話の聞き方」に必要な行動をことばのポイント、からだのポイントとして整理します。

上手な話の聞き方のポイント

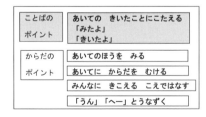

構　成	使用教材の例	内　容

行動リハーサル

頭ではわかったけど

やってみないとできない・

＆

フィードバック

やってみたけど、きちんとで

きたかな？あってるかな？

自信がほしい

所要時間：15 分

準備物：リハーサル・フィード
バックシナリオ 2

※じょうずなおはなしのききかたをれんしゅうしてみよう
※じょうずなおはなしのききかたをもっけいっしてみよう
じょうずなおはなしのききかたをするとき、あいてはどんなきもちになるでしょう。

うん、知ってる。特に犬がかわいいね。

おはよう。ねえねえ、ジュエルアニマル知ってる？

参加児童を 2〜4 人のグループに分け、ロールプレイを行います。具体的に良かったところを伝え、褒めます（フィードバック）。褒める際の工夫として、グループの児童に良かったところ聞き、児童に賞賛してもらいます。スキルを発揮することのメリットを感じてもらうために、ロールプレイをしたスタッフがどんな気持ちになったか伝える等の工夫をします。リハーサルが終わったら、みんなの前で発表します。発表が終わったら、上手なはなしの聞き方をすると、相手がどんなきもちになるかワークシートに整理します。

＜リハーサル・フィードバックシナリオ 2＞

①では、このメンバーで練習しましょう。では、先生からまず、上手な話の聞き方をしてみますね。みなさん、どうでしたか。

②それでは、「○○さん、やってみましょう」。見ている人はどこがよかったか、見ていてくださいね。「はい、スタート」。

③「はい。とても上手にできていましたね、どうだった？」と見ている児童に声をかける。もし、発言がない場合は、「体の向きはどうだった？」、「ポイントはどうだった」と掲示物を指差す等、プロンプトを提示します。ポイントについて見て、できているところを褒める。さらに、表情など、個別に良いと思われるところも褒める。

④「とても上手にできると、自己紹介してくれた人のことがよくわかりますね。」ポイントを守ってできると、自己紹介をしてもらった人が良い気持ちになることをフィードバックする。

※役割を交代して実行する

定着化

トレーニングではできたけ
ど、実際のクラスではできな
いよ・・・

所要時間：30 分

準備物：
・掲示物
・わたしはだれでしょうカード
（皆が知ってそうなキャラクタ
ーが描かれている）

わたしはだれでしょうゲーム

①みんなの中から一人まえにでてくる

②まえにでてきた人にみえないように、先生がみんなにカードをみせる。

カードには、えがかかれています。まえにでてきた人は、えにかかれているものになりきります。

③みんなは、まえにでている人にヒントをおしえてあげます。

ひとりずつ、まえにでてきて、ヒントをおしえてあげましょう。

「○○くん（さん）」	「あなたは、みどり色です」	「こたえがわかりましたか」

まえにでてている人は、じょうずにみんなのヒントをききましょう。

④まえにでている人は、みんなのヒントから、なりきっているものをあててましょう。

「私は、△△ですか」

掲示物を読み上げながら、ゲームの説明を行います。参加児童が前に出てきた人にヒントを教えます。ヒントを教える人が、相手の方を見ていたり、うなずいたり、答えることに注目し、上手にできていることを伝えましょう。

3 相手のきもちを考えて話を聞こう

構成	使用教材の例	内容
③インストラクション なんでするの？ なにするの？ 所要時間：10分 準備物：ワークシート ・掲示物（ワークシートを大きくしたもの） ・選択肢たんざくシール	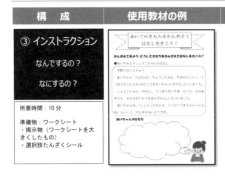	なぜ、相手の気持ちを考えて話を聞くことが必要なのか、ワークシートを用いて、検討します。「あいちゃんとしょうこちゃんの話」を読み、話しかけたあいちゃんがどのような気持ちになるのかについて考えます。そのようなワークを通して、相手の気持ちを考えて話の聞き方をすることによって、「相手が元気な気持ちになったり」「また、話したいという相手の気持ちが強くなること」、「遊びたいという気持ちを相手がもちやすくなったりする」ことを確認します。一方で、相手の気持ちを考えずに話を聞くと、相手に不快な思いをさせる可能性があることを伝えます。そこで、"これから「相手のきもちを考えた話の聞き方」を練習する"ことを参加児童と共有します。
②モデリング どうすればいいの？？ 所要時間：10分 準備物：・モデリングシナリオ3 ・掲示物（ポイント） ・選択肢たんざくシール ・ポイントたんざくシール		「相手のきもちを考えた話の聞き方」とは、どのようにすればよいかについて子どもと考えます。これから行う2つの例を見て、どんな話の聞き方がよいのか、みんなで考えます。 ＜モデリングシナリオ3＞ 【場面】学校に行く途中に、T1がT2に近づき、声をかける。 【悪い例】T1：「T2おはよう、今日の体育、てつぼうだったよね、私できないから嫌だな。」T2：T1を見て、「えー、私、てつぼう大好き！！だって、逆上がりも前回りもできるんだもん」と言う。T1：「T2はてつぼうできるからいいよね」と言い、困ったような表情をする。 【良い例】T1：「T2おはよう、今日の体育、てつぼうだったよね、私できないから嫌だな。」T2：T1を見て、「そっか、今日の体育てつぼうだったよね。」と言う。T1：「そうなの、私、逆上がりも前回りもできないから、体育やりたくないな」と言う。T1：「それは、嫌だね」、「私は、逆上がりと前回りができるようになったよ」「おしえてあげよっか」T2：「本当？よかった」と嬉しそうな表情をする。場面】学校に行く途中に、T1がT2に近づき、声をかける。T2は、本をみながら歩いている。 2つの例をみて、どちらがよかったか、具体的にどこが違っていたのかを探し、ワークシートに記載してもらいます。「相手のきもちを考えた話の聞き方」に必要な行動をかんがえるポイント、ことばのポイント、からだのポイントとして整理します。

相手のきもちを考えた話の聞き方のポイント

かんがえる ポイント	あいてのきもちをかんがえる （いやなきもち・いいきもち）
ことばの ポイント	そっか、へー
	それは、いやだね（よかったね）
からだの ポイント	あいての目を　みる
	あいてに　体を　むける
	あいてに　きこえる　こえではなす

構　成	使用教材の例	内　容
行動リハーサル 頭ではわかったけど やってみないとできない & **フィードバック** やってみたけど、きちんとできたかな？あってるかな？ 自信がほしい 所要時間：15 分 準備物：リハーサル・フィードバックシナリオ 3  雨が降ってきちゃってさ。　うん、うん。	あいてのきもちをかんがえたはなしのききかたをやってみよう あいてのきもちをかんがえたはなしのききかたをやってよう あいてのきもちをかんがえたはなしのききかたをきくと、あいてはどんなきもちになるでしょう？	参加児童を 2〜4 人のグループに分け、ロールプレイを行います。グループの児童に良かったところ聞き、参加児童に賞賛してもらいます。この頃になると、何を褒めればよいのか、ポイントなどを確認し、参加児童も、褒めることができるようになってきます。参加児童に挙手してもらい、「いいところが、たくさんあるね」など、スタッフが声をかけながら、実施した児童のよかったところを言ってもらいます。子どうしでリハーサルできそうであれば、促し、相手の気持ちを確認します。
	<リハーサル・フィードバックシナリオ 3> ①では、このメンバーで練習しましょう。では、先生からまず、相手のきもちを考えた話の聞き方をしてみますね。みなさん、どうでしたか。 ②それでは、「○○さん、やってみましょう」。見ている人はどこがよかったか、見ていてくださいね。「はい、スタート」。 ③「はい。とても上手にできていましたね、どうだった？」と見ている児童に声をかける。もし、発言がない場合は、「体の向きはどうだった？」、「ポイントはどうだった」と掲示物を指さす等、プロンプトを提示します。ポイントについて見て、できているところを褒める。さらに、表情など、個別に良いと思われるところも褒める。（児童同士でできそうな場合は、児童同士でロールプレイする） ④「とても上手にできると、話しかけた友達はとてもよいきもちになりますね。」と相手が人が良い気持ちになることをフィードバックする。 ※役割を交代して実行する	
定着化 トレーニングではできたけど、実際のクラスではできないよ… 所要時間：30 分 準備物：【準備物】 ・掲示物 ・ご褒美（まほうのことばマスターメダル）	まほうのことばゲーム ①みなさんは、まほうのことばをかける人になります ②お母さん、お父さんにこまったこと、うれしかったことをかんがえてもらい、はなしてもらいます。 みんなは、あいてのきもちをかんがえてはなしをききましょう。 　それは、いやだったね　　それは、たいへんだったね 　　それは、よかったね　　いいね ③ほかのお母さん、お父さんにもまほうのことばをかけよう。 ④お母さん、お父さんにかんそうをききましょう。	自分の親の近くに行き、相手の気持ちを考えた話の聞き方をやってもらいます。相手がどんな気持ちになるか気づくために、親から伝えてもらいます。他の親へも実施し、自分の親と前に出て、発表します。親がよい気持ちになったら、ごほうびのメダルを親からかけてもらいます。

うん、うん。へー。　　　　へー、そうだったんだ。それは、大変だったね。

4 あたたかい言葉をかけよう

構　成	使用教材の例	内　容
④インストラクション なんでするの？ なにするの？ 所要時間：10分 準備物：ワークシート ・掲示物（ワークシートを大きくしたもの） ・選択肢たんざくシール	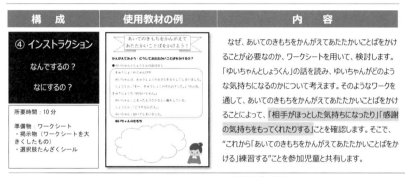	なぜ、あいてのきもちをかんがえてあたたかいことばをかけることが必要なのか、ワークシートを用いて、検討します。「ゆいちゃんとしょうくん」の話を読み、ゆいちゃんがどのような気持ちになるのかについて考えます。そのようなワークを通して、あいてのきもちをかんがえてあたたかいことばをかけることによって、「相手がほっとした気持ちになったり」「感謝の気持ちをもってくれたりする」ことを確認します。そこで、"これから「あいてのきもちをかんがえてあたたかいことばをかける」練習する"ことを参加児童と共有します。
②モデリング どうすればいいの？？ 所要時間：10分 準備物：・モデリングシナリオ4 ・掲示物（ポイント） ・選択肢たんざくシール ・ポイントたんざくシール	 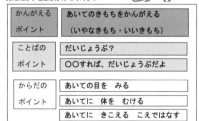	＜モデリングシナリオ4＞ 【場面】給食の準備中 【悪い例1】T1：ガチャン。給食のお皿を落としてしまう。T2：「わー、きゅうしょくのさらおとした。」「みんな、きゅうしょくたべれないじゃん。」T3：「ほんとだ、おさらおとした。」「きゅうしょくたべれない。」T1：こまったようなかなしいかおをしている。T2：「どうするんだよ。」T3：「あーあ。」T1：今にも泣きそうである。 【悪い例2】T1：ガチャン。給食のお皿を落としてしまう。T2：「わー、きゅうしょくのさらおとした。」「みんな、きゅうしょくたべれないじゃん。」T3：近くでどうしたらよいかわからず見ている。T1：こまったようなかなしいかおをしている。T2：「どうするんだよ。」T3：見ている。T1：「どうしよう」と言い、こまった顔をしている。 【良い例】T1：ガチャン。給食のお皿を落としてしまう。T2：「わー、きゅうしょくのさらおとした。」「みんな、きゅうしょくたべれないじゃん。」T3：「どうしたの」T1：「お皿おとしちゃった、どうしよう」と言い、困ったような悲しい顔をしている。T2：「どうするんだよ。」T3：「お皿、洗えば大丈夫だよ」「手伝ってあげるよ」T1：「うん、ありがとう」と言い、嬉しそうな顔。学校に行く途中で、T1がT2に近づき、声をかける。 3つの例をみて、どちらがよかったか、具体的にどこが違っていたのかを探し、ワークシートに記載してもらいます。言葉だけでなく、行動の違いにも焦点をあてます。3つの例の違いについて、発表を通して、「あたたかいことばをかける」に必要な行動をかんがえるポイント、ことばのポイント、からだのポイントとして整理します。

構　成	使用教材の例	内　容

行動リハーサル
頭ではわかったけど
やってみないとできない
&
フィードバック
やってみたけど、きちんとできたかな？あってるかな？
自信がほしい

所要時間：15分
準備物：リハーサル・フィードバックシナリオ4

参加児童を2〜4人のグループに分け、ロールプレイを行います。児童同士でできそうであれば、児童同士でロールプレイします。スタッフは、「よかったところを後から聞く」ことを伝え実施し、実施した児童の良かったところを聞き児童に伝えます。リハーサルが終わったら、みんなの前で発表します。

＜リハーサル・フィードバックシナリオ4＞
①では、このメンバーで練習しましょう。では、先生からまず、あたたかい言葉かけをしてみますね。では、Aさんがお皿をわった人役、Bさんが責める役をやってみてください。
②それでは、今から先生がやってみるので、みなさんよかったところを後で教えて下さいね。（実施する）では、先生の良かったところをCさん、教えて下さい。あたたかい言葉をかけてもらったAさんはどんな気持ちになりましたか。
③次にAさん、あたたかい言葉をかける人をやってみましょう。（他の児童に役を与え、Aの良かったところを聞く）「はい。とても上手にできていましたね、どうだった？」と見ている児童に声をかける。もし、発言がない場合は、「体の向きはどうだった？」、「ポイントはどうだった」と掲示物を指さす等、プロンプトを提示します。ポイントについて見て、できているところを褒める。さらに、表情など、個別に良いと思われるところも褒める。あたたかい言葉をかけてもらった人が良い気持ちになることをフィードバックする。

定着化
トレーニングではできたけど、実際のクラスではできないよ・・・

所要時間：30分
準備物：【準備物】
・掲示物
・サイコロ
・ご褒美（あたたことばマスターステッカー）

なにがでるかなゲーム
①ひとりずつ、サイコロをふる
②カードには、1〜6のばめんがかいてあります。
③でた目の数のカードのばめんにそって、あたたかいことばかけをしてもらいます。
みんなは、あいてのきもちをかんがえてこえをかけましょう。
　だいじょうぶ　　　○○すればだいじょうぶだよ
④こえをかけてもらった先生の気もちが、元気になったら、せいこうです！！

さいころをふってもらい、さいころにかかれた状況を児童に読んでもらうもしくは、読みあげます。さいころに書いてある状況にあわせて、スタッフが悲しい人役を行い、あたたかいことばを児童にかけてもらいます。あたたかい言葉かけができていたら、褒め、ごほうびのステッカーを渡します。

5　上手になかまに入ろう

構　成	使用教材の例	内　容
⑤ インストラクション なんですの？ なにするの？ 所要時間：10分 準備物：ワークシート ・掲示物（ワークシート）を大きくしたもの ・選択肢たんざくシール	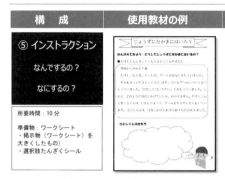	なぜ、上手ななかまの入り方が必要なのか、ワークシートを用いて、検討します。「たけしくんとまことくんとさとしくんの話」を読み、さとしくんがどのような気持ちになるのかについて考えます。そのようなワークを通して、じょうずななかまの入り方をすることによって、「相手がなかまにはいってもいいよというきもちになること」「なかまに入りたい気持ちが相手に伝わる」、ことを確認します。また、なかまの入り方のやり方によっては、相手が不快に感じる場合もあることを学びます。そこで、"これから「上手ななかまの入り方」を練習する"ことを参加児童と共有します。
②モデリング どうすればいいの？？ 所要時間：10分 準備物：・モデリングシナリオ5 ・掲示物（ポイント） ・ポイントたんざくシール		＜モデリングシナリオ5＞ 【場面】学校からの帰り道、T1がT2がゲームの話をしている。 【悪い例1】T1：「ねえねえ、T2、ポケモンのゲームもってる？」T2：「私、ホワイトもってるよ」T3：T1とT2の話を聞いている。T1：「私、ブラックもってるんだ」T2：「ブラックとホワイトってどこが違うんだろうね」T1：「そうだね、どこが違うんだろうね」T2：「あ、そうだ。かえったら一緒にゲームしようよ」T1：「そうだね、ホワイトもやってみたい」T3：最後まで、二人の話を見て、聞いている。 【悪い例2】T1：「ねえねえ、T2、ポケモンのゲームもってる？」T2：「私、ホワイトもってるよ」T2：「ブラックとホワイトってどこが違うんだろうね」T1：「そうだね、どこが違うんだろうね」T2：「あ、そうだ。かえったら一緒にゲームしようよ」T1：「そうだね、ホワイトもやってみたい」T3：「えー、なに、なに、なに」「ポケモンのゲームのはなし？」「私、ブラックとホワイト持ってるよ。」「ブラックとホワイトはね、色々ちがうところあるんだよ」、「じゃあ、おしえてあげるよ。」T1、T2：少し困ったような表情。 【良い例】T1：「ねえねえ、T2、ポケモンのゲームもってる？」T2：「私、ホワイトもってるよ」T2：「ブラックとホワイトってどこが違うんだろうね」T1：「そうだね、どこが違うんだろうね」T2：「あ、そうだ。かえったら一緒にゲームしようよ」T1：「そうだね、ホワイトもやってみたい」T3：「ねえねえ、なんの話しているの。」T1：「ポケモンのゲームの話をしていて、帰って一緒にやってみるんだ」T3：「そうなんだ、私も、ブラックとホワイトもってるんだ」「私も、ゲーム一緒にしてもいい？」T2：「いいよ、じゃあ、いっしょにしようよ」T3：「ありがとう」

3つの例の違いについて、発表を通して、「上手ななかまの入り方」に必要な行動をことばのポイント、からだのポイントとして整理します。

上手ななかまの入り方のポイント

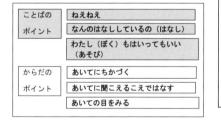

構　成	使用教材の例	内　容
行動リハーサル 頭ではわかったけど やってみないとできない & **フィードバック** やってみたけど、きちんとできたかな？あってるかな？ 自信がほしい 所要時間：15分 準備物：リハーサル・フィードバックシナリオ5		参加児童を 2〜4 人のグループに分け、ロールプレイを行います。児童同士でできそうであれば、児童同士でロールプレイします。スタッフは、「よかったところを後から聞く」ことを伝え実施し、実施した児童の良かったところを聞き児童に伝えます。リハーサルが終わったら、みんなの前で発表してもらいます。 ＜リハーサル・フィードバックシナリオ5＞ ①では、このメンバーで練習しましょう。では、先生からまず、上手ななかまの入り方をしてみますね。みなさん、どうでしたか。（入られる役の児童に）先生がなかまに入るときいやなきもちになりましたか？相手のきもちなど尋ねる。 ②それでは、「○○さん、やってみましょう」。見ている人はどこがよかったか、見ていてください。「はい、スタート」。 ③「はい。とても上手にできていましたね、どうだった？」と見ている児童に声をかける。もし、発言がない場合は、「体の向きはどうだった？」、「ポイントはどうだった」と掲示物を指さす等、プロンプトを提示します。ポイントについて見て、できているところを褒める。さらに、表情など、個別に良いと思われるところも褒める。 ④「上手ななかまの入り方ができると、相手もよいきもちになることがよくわかりますね。
定着化 トレーニングではできたけど、実際のクラスではできないよ･･･ 所要時間：30分 準備物：【準備物】 ・掲示物 ・パズル	なにができるかなゲーム ①じょうずななかまのはいりかたをする人を1人きめます。 ②ぜんいん、パズルのピースをもらいます。 ③パズルを作りましょう。 ④じょうずななかまのはいりかたをする人は、みんなでパズルをしているところにはいりましょう。 じょうずななかまのはいりかたをやってみましょう。 ｜ねえねえ｜なにしてるの｜ ｜わたし（ぼく）もはいってもいい｜ ⑤みんなのかんそうをききましょう。 	パズルをやる児童達は、パズルを作ることに夢中になることが多いため、なかなか気づいてくれないことが多いです。あらかじめ、「なかなか気づいてくれないけど、がんばって入れる？」など声かけを行ったり、どのように入っていくかあらかじめ話したり、一緒に工夫を話し合って行います。

6 きもちのよい断り方

構　成	使用教材の例	内　容
⑥インストラクション なんでするの？ なにするの？ 所要時間：10分 準備物：ワークシート ・掲示物（ワークシート）を大きくしたもの） ・選択肢たんざくシール	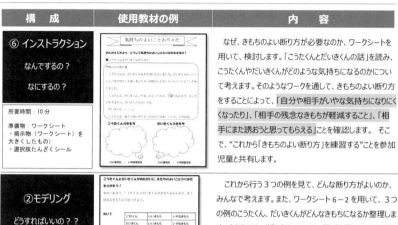	なぜ、きもちのよい断り方が必要なのか、ワークシートを用いて、検討します。「こうたくんとだいきくんの話」を読み、こうたくんやだいきくんがどのような気持ちになるのかについて考えます。そのようなワークを通して、きもちのよい断り方をすることによって、「自分や相手がいやな気持ちになりにくくなったり」、「相手の残念なきもちが軽減すること」、「相手にまた誘おうと思ってもらえる」ことを確認します。そこで、"これから「きもちのよい断り方」を練習する"ことを参加児童と共有します。
②モデリング どうすればいいの？？ 所要時間：10分 準備物：・モデリングシナリオ6 ・ワークシート ・掲示物（ポイント） ・ポイントたんざくシール		これから行う3つの例を見て、どんな断り方がよいのか、みんなで考えます。また、ワークシート6−2を用いて、3つの例のこうたくん、だいきくんがどんなきもちになるか整理します。きもちのよい断り方というのは、相手も嫌なきもちになりにくく、自分もすっきりすることが重要である点を強調します。 ＜モデリングシナリオ6＞ 【場面】学校の帰り道、T1がT2を遊びに誘っている。T2は、遊びたいが、学校から帰ると病院に行く用事があり、遊べない。 【悪い例1】T1：「あ、T1、今日さ、学校から帰ってから、公園でみんなでカンけりをするんだけど、T2もこない？」T2：「……。」T1：「遊べないの？どっちなの？まあ、いっか。じゃあね。」T2：困った顔をしている。 【悪い例2】T1：「あ、T1、今日さ、学校から帰ってから、公園でみんなでカンけりをするんだけど、T2もこない？」T2：「今日は、無理、無理。」と言い、その場を立ち去る。T1：困った顔をする。 【良い例】T1：「あ、T1、今日さ、学校から帰ってから、公園でみんなでカンけりをするんだけど、T2もこない？」T2：「ごめんね、今日、帰ってから病院にいかないといけないから、遊べないんだ。でも、明日なら、遊べるから、明日、遊ぶとき誘って」T1：「そうなんだ。じゃあ、明日、みんなで遊ぶやくそくしたらまた誘おうね。」T2：「うん、ありがとう」
きもちのよい断り方のポイント 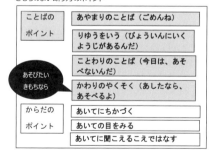		3つの例の違いについて、発表を通して、「きもちのよい断り方」に必要な行動をことばのポイント、からだのポイントとして整理します。

構成	使用教材の例	内容
行動リハーサル 頭ではわかったけど やってみないとできない **&** **フィードバック** やってみたけど、きちんとできたかな？あってるかな？自信がほしい 所要時間：15分 準備物：リハーサル・フィードバックシナリオ6	※きもちのよいことわりかたをれんしゅうしてみよう。 ※きもちのよいことわりかたをするまえに、あいてはどんなきもちになるでしょう？	参加児童を2〜4人のグループに分け、ロールプレイを行います。児童同士でできそうであれば、児童同士でロールプレイします。スタッフは、「よかったところを後から聞く」ことを伝え実施し、実施した児童の良かったところを聞き児童に伝えます。リハーサルが終わったら、みんなの前で発表します。
	<リハーサル・フィードバックシナリオ6> ① では、このメンバーで練習しましょう。では、先生からまず、きもちのよい断り方をしてみますね。みなさん、どうでしたか。相手のきもちを確認したり、やってみた自分がどんなきもちになったかを確認する。 ② それでは、「〇〇さん、やってみましょう」。見ている人はどこがよかったか、見ていてください。「はい、スタート」。 ③ 「はい。とても上手にできていましたね、どうだった？」と見ている児童に声をかける。もし、発言がない場合は、「体の向きはどうだった？」、「ポイントはどうだった」と掲示物を指さす等、プロンプトを提示します。ポイントについて見て、できているところを褒める。さらに、表情など、個別に良いと思われるところも褒める。 ④ 「きもちのよい断り方」をすると、自分もすっきりして、相手も嫌なきもちになりにくいこと、遊びたいきもちがあったら、次にさそってもらいやすいことをフィードバックする。 ※役割を交代して実行する	
定着化 トレーニングではできたけど、実際のクラスではできないよ･･･ 所要時間：30分 準備物：【準備物】 ・掲示物 ・海の生き物イラスト ・はさみ ・のり ・クーピー ・水色のA3画用紙（海の中の絵を描いておく） ・やさしいたのみかた、きもちのよいことわりかたチェックシート		掲示をよみ、ゲームを説明します。頼んだり、お礼を言ったり、断る機会ができるように設定し、チェックシートにスタッフが記載します。全てのチェックが終わったら、好きなスタンプが押せるようにします。「こういう時、どういえばいいんだけ」等、プロンプトを与えて、チェックシートの行動を行えるように支援します。こだわりがあり、時間がかかる児童の場合は、イラストを何枚仕上げるかあらかじめ話し合っておきます。
	インタビューゲームみんなでつくろうゲーム ① えがいてあるかみをもらいます。 ② えに色をぬりましょう。 ③ えをきりとりましょう。 ④ えを大きなかみにはりましょう。 クーピーや、はさみやのりはひとりにひとつずつありません。 みんながつかうものなので、やさしくたのんでかりましょう。 　ねえねえ　〇〇つかっていい？　ありがとう もし、つかっているときは、きもちのよいことわりかたをしてみましょう。 　ごめんね　いま、つかってるからかせないんだ　もうちょっと、まってくれる？ ⑤ やさしくかりたり、じょうにことわったりできていたか、カードに〇をしてもらおう！	

著者略歴

岡島　純子（おかじま　じゅんこ）

2004年　岡山県立大学保健福祉学部保健福祉学科卒業
2006年　宮崎大学大学院教育学研究科修士課程修了
2007年〜　精神科クリニック，児童福祉施設，教育委員会，スクール
　　　　　カウンセラー，市町村の人事課，大学内の障害学生支援室等
　　　　　にて臨床心理士業務を担当
2010年　国立研究開発法人国立精神・神経医療研究センター研究員
　　　　　獨協医科大学埼玉医療センター子どものこころ診療センター
　　　　　研究助手
2014年　山梨大学大学院医学工学総合教育部博士課程修了
　　　　　博士（医科学）
現　在　東京医療学院大学准教授

自閉スペクトラム症児の社会的スキルに関する研究

2019年7月31日　初版第1刷発行

著　者　　岡　島　純　子
発行者　　風　間　敬　子
発行所　　株式会社　風　間　書　房
〒101-0051　東京都千代田区神田神保町1-34
電話03(3291)5729　FAX 03(3291)5757
振替 00110-5-1853

印刷　藤原印刷　製本　高地製本所

©2019　Junko Okajima　　　　　　　　NDC 分類：140
ISBN978-4-7599-2288-2　　Printed in Japan

JCOPY 〈(社)出版者著作権管理機構 委託出版物〉
本書の無断複製は，著作権法上での例外を除き禁じられています。複製され
る場合はそのつど事前に(社)出版者著作権管理機構（電話03-5244-5088,
FAX 03-5244-5089, e-mail: info@jcopy.or.jp）の許諾を得て下さい。